Hamid Djadda

Teure Mieten abschaffen!

TEURE MIETEN ABSCHAFFEN!

Wie ein paar Visionäre sich daran machen,
alle Mieten dauerhaft zu senken.

Hamid Djadda

In meinem Buch verzichte ich zugunsten einer besseren Lesbarkeit auf die Schreibweise „/in, /innen, (in), (innen)" bei Bürger, Bewohner, Nutzer, Interessent etc. Selbstverständlich sind immer gleichzeitig und chancengleich Frauen und Männer angesprochen.

Hamid Djadda
Teure Mieten abschaffen!
Wie ein paar Visionäre sich daran machen,
alle Mieten dauerhaft zu senken.

ISBN: 978-3-9820868-0-4

1. Auflage 2019
© 2019
Erste Sahne e.V.
Teilestr. 11-16
12099 Berlin
www.erste-sahne.berlin
kontakt@erste-sahne.berlin

Illustrationen: Marion Schickert

Interview/Epilog: Text von Anita Tusch, Fotos von Tanja Brückner
Fotos Schutzumschlag: Hamid Djadda Privat und Tanja Brückner Photography
Fotos Glaserei Hans-Jürgen Arnsmann: Tanja Brückner Photography
Abbildungen Westkreuz: Konstantin Gastmann (oben), Christoph Janisch (unten)

Druck: Pro BUSINESS digital printing Deutschland GmbH, Berlin
Printed in Germany

DAS MENÜ

IN FÜNF GÄNGEN

Wie ein paar Visionäre sich daranmachen,
alle Mieten dauerhaft zu senken

Amuse Gueule – das Vorwort

Die größte Verwundbarkeit ist die Unwissenheit.
Sun Tzu

„Teure Mieten abschaffen!" Das haben sich einige Visionäre auf ihre Fahnen geschrieben. Sie zeigen in diesem Buch einen Weg auf, wie sich die Mieten dauerhaft senken lassen. Es geht – man muss es nur wollen und etwas dafür tun. Deshalb habe ich den Buchtitel auch so gewählt: „Teure Mieten abschaffen!"

Die Mietsteigerungen in Deutschland sind scheinbar nicht zu stoppen. Eines der größten Probleme der heutigen Zeit lauert vor allem in den Städten. Und es entfaltet enorme gesellschaftliche Sprengkraft. Nicht nur Menschen mit geringem oder keinem Einkommen werden aus ihren Wohnungen vertrieben. Am stärksten betroffen ist die Mittelschicht – Wohnungsmieter sowie Kleingewerbe. Warum ist das so? Die Ärmsten werden vom Staat unterstützt und Wohlhabende sowie Spekulanten zahlen ohnehin keine Mieten, da sie in der Regel Eigentümer von Wohnungen und/oder Häusern sind.

Bezahlbarer Wohnraum ist in den meisten Städten kaum noch zu finden. Alle schimpfen, viele protestieren, die Medien berichten fast täglich und verlangen Lösungen. Die Politiker versprechen zu handeln und versuchen es auch. Mit welchem Ergebnis? Gleich Null! Die Mieten steigen immer weiter.

Neben Nahrung ist Wohnraum eine der Grundvoraussetzungen unseres Lebens. Das Recht auf Wohnen ist ein Menschenrecht.

9

„Das Zuhause ist Mittelpunkt und Fundament des Lebens."[1] Wohnraum ist definitiv zu wichtig, als dass wir uns mit den steigenden Mieten abfinden sollten.

Dieses Buch beschreibt die negativen Konsequenzen teuren Wohnraums ausführlich und anschaulich. Es versucht einen Ausweg aus der Krise zu weisen. Seit Längerem bereits ist in den Weltmetropolen deutlich sichtbar, wie sich die Problematik zuspitzen wird. In Städten wie New York, London und Paris ist die Preisentwicklung so weit fortgeschritten, dass z. B. im Pariser Zentrum eine durchschnittliche Miete von rund 48 € pro Quadratmeter bezahlt werden muss![2]

Vor nur fünf Jahren konnte man in Berlin eine Wohnung in guter Lage für 2.400 bis 2.800 €/qm kaufen.[3] Heute sind wir schon bei 7.000 €/qm. Londoner und Pariser Investoren erscheinen diese Preise noch lachhaft, denn dort zahlt man inzwischen über 10.000 €/qm.[4] In Hongkong sind es übrigens knapp 40.000 und in Monaco – unglaublich, aber wahr – 50.000 €/qm.[5] Es gibt also noch genügend Raum für weitere Mietsteigerungen. Wer glaubt, die Preisspirale habe ein Ende, der sitzt einem Irrtum auf.

Leider übersehen die meisten einen wichtigen Punkt: Man darf die Mietkosten nicht in absoluten Zahlen sehen. Wenn Sie

---

[1] Desmond, Matthew (2018). Zwangsgeräumt. Armut und Profit in der Stadt. Berlin: Ullstein Verlag.

[2] http://www.allemagne.campusfrance.org/node/93947

[3] Immowelt

[4] https://www.welt.de/finanzen/immobilien/article13515348/In-Paris-steigen-Immobilienpreise-auf-Rekordniveau.html

[5] https://www.jumbolotto.de/lotto-magazin/top-5-hier-ist-der-quadratmeter-am-teuersten/

10.000 € im Monat verdienen, dann können Sie ruhig 2.500 € Miete zahlen. In London und Paris sind zwar die Mieten höher, aber die Einnahmen auch! Wenn man also Erschwinglichkeit berücksichtigt, gibt es in Berlin mit die teuersten Mieten der Welt!

Die Mieten dürfen auf keinen Fall weiter steigen wie bisher. Darüber herrscht fast überall Einigkeit, ungeachtet der politischen Gesinnung, des Alters und sozialen Umfeldes. Nur eine kleine Gruppe von Spekulanten und deren Berater interessiert das nicht.

Hinzu kommt, dass genügend bezahlbarer Wohnraum fehlt. In Berlin bewerben sich inzwischen bis zu 800 Interessenten auf eine freie Wohnung! Die Situation ist einfach unerträglich.

Man fragt sich, warum nicht endlich etwas Konkretes passiert. Wer die einschlägigen Berichte in vier Jahre alten Zeitungen liest, wird verblüfft feststellen, dass darin nahezu derselbe Missstand thematisiert wird wie heute. Man bräuchte nur das Datum zu ändern und es würde niemandem auffallen. Umso erschreckender ist, dass nichts wirklich Spürbares unternommen wird, das die unaufhörliche Steigerung der Mieten stoppen könnte. Warum ist das so? Wo soll das noch hinführen?

Unsere Gesellschaft steht heute mehr denn je vor einer Vielzahl großer Probleme. Um einige davon lösen zu können, wäre gerade jetzt das sichere Heim der wichtige Stützpunkt. Die heutige Wohnsituation in den Städten gießt stattdessen Öl ins Feuer. Die Unzufriedenheit wächst und die Angst vor der Zukunft steigt mit den Mieten. Man versteht nicht mehr, wie es so weit kommen konnte und warum sich nichts ändert. Es entsteht ein Teufelskreis. Denn wenn man etwas existenziell Wichtiges nicht versteht, erzeugt das automatisch Stress. Dadurch wird man noch unsicherer und der Stress nimmt zu. Im Labyrinth der Überforderung wird der Ruf nach Ordnung immer lauter.

Das macht Menschen anfällig für Kurzschlussfolgerungen. Sie greifen nach Scheinlösungen, polarisieren ihre Positionen und es entsteht Streit. Lösungen rücken somit in weite Ferne und die Angst nimmt weiter zu.

Diese Angst lässt sich nur abbauen, wenn die Zusammenhänge sachlich und in Ruhe dargestellt und verstanden werden. Dieses Buch soll im ersten Teil erklären, wie das Immobiliengeschäft wirklich funktioniert. Warum verdienen viele der fähigsten Köpfe ihr Geld lieber mit Immobilien anstatt z. B. eine Fabrik aufzubauen? Sie, liebe Leserinnen und Leser, werden verstehen, warum die Mieten steigen, warum wir keine bezahlbaren Wohnungen in unseren Lieblingslagen finden. Sie werden erkennen, warum es den Politikern – trotz des unterstellten guten Willens – bisher nicht gelungen ist, die steigenden Mieten zu stoppen.

Sind die Ursachen der Misere einmal verstanden, weiß man auch, was zu tun ist. Die Angst verfliegt. Sie werden sehen, warum die aufgezeigten konkreten Maßnahmen Sinn ergeben. Sie müssen sich nicht auf Experten verlassen, die sich ohnehin untereinander nicht einigen können, sondern können sich Ihre eigene Meinung bilden.

Eine berechtige Frage stellt sich: Weshalb behauptet ein Kaufmann aus Berlin, nämlich ich, das Problem lösen zu können? Schließlich sind viele unserer klügsten Politiker daran gescheitert. Die Antwort darauf ist tatsächlich einfach. Ich habe Politiker persönlich kennengelernt – und zwar weitaus näher als auf dem Niveau, bei Empfängen Floskeln zu wechseln. Ich habe verstanden: Politiker sind Menschen wie du und ich. Sie sind oft hochintelligent und sehr eloquent, aber sie haben Stärken und Schwächen wie alle Normalsterblichen.

Politiker zu sein ist ein Beruf wie jeder andere auch. Man muss ihn nicht unbedingt studieren. Man kann ihn auch erlernen.

Politiker in hohen Positionen haben ausnahmslos lange Karrieren hinter sich. Genauso wie Menschen in anderen Berufen, eignen sie sich jedoch im Laufe der Zeit eine Arbeitsweise an, von der sie sich nur schwer lösen können. Sie gewöhnen sich an eine bestimmte Art zu denken – ein Schema, das sich bei ihrem Werdegang als erfolgreich erwies. Sogar ihre Sprache ändert sich, und diese wirkt sich wiederum auf ihre Denkprozesse aus. Dieses Phänomen ähnelt der Betriebsblindheit von Managern und Angestellten in vielen Unternehmen. Sie sehen oft den Wald vor lauter Bäumen nicht. Ein Neueinsteiger hat völlig andere Blickwinkel und kann so neue Ansätze finden.

Außerdem können höchste Intelligenz und größte Kompetenz eines nicht ersetzen: den Mangel an Zeit. Ich werde im vorliegenden Buch beschreiben, warum unseren Politikern schlicht die Zeit fehlt, ruhig und gründlich über bestimmte Probleme nachzudenken.

Last, not least haben Menschen verschiedene Talente. Ein guter Buchhalter, der penibel jeden Cent korrekt buchen muss, kann kein guter Designer werden. Ein guter Designer wiederum, der mit seiner Kreativität Regeln brechen muss, kann kein guter Buchhalter werden. Wolfgang Schäuble könnte wahrscheinlich nicht so schöne Designs kreieren wie Karl Lagerfeld es tat. Karl Lagerfeld wiederum wäre als Finanzminister mit hoher Wahrscheinlichkeit gescheitert.

Politiker sind, zumindest in Deutschland, keine guten Immobilienkaufleute. Beispiele gibt es zuhauf. Wohnraum hat jedoch direkt etwas mit Immobilienwirtschaft zu tun. Ich habe durch jahrelang gesammelte Erfahrungen in genau dieser Branche Kenntnisse erworben, die den meisten Politikern fehlen. Immobilien stellen aber nur einen Teil meiner unternehmerischen Tätigkeit dar. Aus diesem Grund besteht bei mir nicht die Gefahr von Betriebsblindheit. Ich war außerdem in verschiedenen Branchen tätig: Orientteppiche, Bleikristall, Modeschmuck,

Blechschilder, Gesundheitsmassagen und seit zwei Jahren vermarkte ich Marzipan. Um in so vielen Branchen tätig sein zu können, bedarf es einer gewissen Kreativität, der Fähigkeit, anders zu denken und schnell die Perspektiven zu wechseln. Um das Problem des bezahlbaren Wohnraums zu lösen, bedarf es großer Kreativität. Genau darin sehe ich als Querdenker meine Stärke.

Millionen Menschen leiden in Deutschland unter den steigenden Mieten. Eine kleine Gruppe verdient aber sehr viel Geld damit. Diese wird sich mit Händen und Füßen gegen die erforderlichen Maßnahmen wehren. Es wird zu einem Kampf kommen. Führen wir diesen Kampf an zu vielen Fronten gleichzeitig, schwächen wir uns unnötig. Daher konzentriere ich mich zunächst auf eine Stadt: Berlin.

Berlin soll lediglich als Beispiel dienen, als erster Kampfplatz. Aber ein hier am Exempel erläuterter Ausweg aus der Mietspirale ist anwendbar auf alle Städte mit dem gleichen Problem. Denn zwischen Flensburg und München ist die Situation nicht viel anders als in der Hauptstadt dieses Landes, das so stolz ist auf seine rechts- und sozialphilosophischen Grundsätze.

Im zweiten Teil beschreibe ich eine Idee der Gemeinnützigkeit und – verzeihen Sie diesen Begriff – De-Gentrifizierung, um die gewachsenen Quartiere nicht komplett neuen, zahlungskräftigen Eigentümern und Mietern zu überlassen. Die Mieten dürfen nicht weiter so steigen wie bisher und müssen in einigen Fällen sogar sinken.

Was Lösungen für die Schaffung von bezahlbarem Wohnraum betrifft, wird viel geredet und viel zu wenig getan. Ich will mit diesem Buch keine Berühmtheit erlangen oder mich als Sachbuchautor etablieren. Ich möchte nur, dass endlich wieder genügend bezahlbarer Wohnraum in unseren Städten vorhanden ist. Dabei dürfen wir uns nicht ausschließlich auf die Politik verlassen. Einige kleine Schritte können wir Bürger selbst initiieren. Hierzu benötigen wir natürlich Geld. Ich habe daher mit Gleichgesinnten einen gemeinnützigen Verein gegründet, um diese Mittel zu generieren. Der Verein heißt „Erste Sahne e. V." Sie werden sich fragen, was Sahne mit Wohnraum zu tun hat. Die Erklärung hierfür finden Sie im letzten Teil des Buches.

Alle Erlöse aus diesem Buch fließen in den Verein *Erste Sahne e. V.* Hinzu kommen noch Einnahmen aus Merchandising sowie Spenden. Mit diesen Geldern ermöglicht der Verein privaten und gemeinnützigen Stiftungen den Kauf von Immobilien, in denen Mieter von Verdrängung bedroht sind. Da eine gemeinnützige Stiftung keine Gewinne erwirtschaften darf, müssen sich diese Mieter nie wieder Sorgen um ihren Wohnraum machen. Die bestehenden Mieten werden nicht nur nicht erhöht, es besteht sogar die Möglichkeit, diese noch zu senken!

Vielleicht kennen Sie das sehr schöne Lied von Leonard Cohen: „First we take Manhattan, then we take Berlin" („Zuerst erobern wir Manhattan, dann erobern wir Berlin"). In diesem Sinne möchte ich folgende Motivationshymne mit Ihnen allen anstimmen: Zuerst erobern wir Berlins Wohnungen zurück – und dann die in ganz Deutschland!

I.
Was ist das aktuelle Problem?

Kapitel 1
Warum sind hohe Mieten schlecht?

Meinungen sind wie Grundstücke.
Erstens sind sie zu teuer,
und zweitens kann man darauf nicht immer bauen.
Dieter Hildebrandt

Mit Verlaub: Hohe Mieten sind nicht grundsätzlich für alle Menschen schlecht. Immobilienhändler sowie Eigentümer von Mietraum und Grundstücken profitieren enorm von den steigenden Preisen und sehen in der aktuellen Entwicklung ein gutes Geschäft. Leider gehören sie zu einer kleinen Minderheit, die den meisten Menschen gegenübersteht, denen die steigenden Mieten arg zusetzen. Berlin war schon immer eine Mieterstadt. Noch heute wohnen hier 85 % der Einwohner zur Miete; sie leiden unter den hohen Immobilienpreisen und teuren Mieten.

Die Folgen der steigenden Mieten sind:

Wohnraum ist zu teuer. Der Anteil des Nettoeinkommens, der dafür aufzubringen ist, wird immer größer.
Wir stecken einen immer größeren Anteil unseres Einkommens in das Wohnen. Die Richtlinie der meisten Finanzexperten besagt, dass maximal 30 % des Einkommens für Wohnraum verwendet werden sollten. Inzwischen liegt der Anteil bei vielen Menschen in Deutschland bei fast 40 %, in einigen Extremfällen sogar über 50 %. Dadurch bleibt natürlich weniger übrig für andere wichtige Ausgaben und Konsumgüter. Die Kaufkraft sinkt und damit der Lebensstandard.

Viele Menschen finden keine bezahlbaren Wohnungen mehr.[6] Familien, junge Paare, Alleinerziehende, Singles und Studenten sind alle auf der Suche. Selbst zwei Gehälter von Vollverdienern reichen oft nicht für eine akzeptable Wohnung mit bezahlbarer Miete. Noch schlimmer ergeht es den Geringverdienern, die keinerlei Unterstützung vom Staat erhalten. Nur als Beispiel seien hier die ausgebildeten Altenpfleger erwähnt. Deren Bruttogehalt liegt zwischen 1.700 und 2.200 €. In der Steuerklasse 1 verbleiben ihnen netto etwas mehr als 1.200 €. Selbst bei 50 % des Nettoeinkommens dürfte also die Wohnung für einen Altenpfleger nicht mehr als 600 € kosten. Für 600 € warm findet man aber in Berlin keine vernünftige Wohnung mehr. Nun verdienen sehr viele Mitmenschen noch nicht einmal 1.200 € netto im Monat. Etwa 1,3 Mio. Großstadthaushalte in Deutschland haben nach Abzug der Mietzahlungen nur noch ein Resteinkommen, das unterhalb der Hartz-IV-Regelsätze liegt. Viele Menschen können sich folglich eine Wohnung in der Nähe ihres Arbeitsplatzes nicht mehr leisten.

Es gibt nicht genügend bezahlbare Wohnungen.
Das Verhältnis von bezahlbaren freien Wohnungen und Bewerbern spitzt sich insbesondere in den Ballungsräumen zu. Ist man früher losgezogen, um seine Traumwohnung zu suchen, träumt man heute eher von der Chance, überhaupt eine Wohnung zu bekommen, die man sich leisten kann. Auf eine freie Wohnung melden sich im Extremfall bis zu 800 (!) Interessenten, wie mir zu meiner Überraschung ein Freund mitteilte, der für eine Wohnungsbaugesellschaft arbeitet.[7] Eine derart hohe Anzahl von Bewerbern ist zwar eine Ausnahme, aber die Chance, eine bezahlbare Wohnung zu ergattern, liegt fast bei null.

---

[6] https://www.tagesschau.de/inland/wohnungslose-105.html

[7] https://www.bz-berlin.de/berlin/836-bewerber-auf-eine-wohnung-so-umkaempft-ist-der-berliner-wohnungsmarkt

Viele Bewerber schauen sich die freien Wohnungen kaum noch richtig an, sondern reichen nahezu blind ihre Unterlagen bei möglichst vielen Anbietern ein, um ihre Chancen zu erhöhen.

Fast unmöglich, eine bezahlbare Wohnung zu finden, ist es für alleinerziehende Mütter, Menschen mit einem ausländischen Familiennamen oder ohne den Nachweis eines geregelten Einkommens. Nicht ohne Grund kaufen sich einige Familien mit Migrationshintergrund einen Mietvertrag, indem sie Tausende von Euro unter der Hand an den Vermieter zahlen. Aus meinem Bekanntenkreis kenne ich zwei konkrete Fälle, aber man kann sicher davon ausgehen, dass es sich hierbei nicht um Ausnahmen handelt. Diese Sonderzahlungen tauchen in keiner Statistik auf – und ganz gewiss nicht beim Finanzamt.

Gentrifizierung und die Entstehung von Ghettos

Der Begriff *Gentrifizierung* ist bei Großstadtbewohnern schon seit einigen Jahren in aller Munde. Doch was der mit ihm bezeichnete Prozess wirklich bedeutet, wissen nur die Betroffenen. Die über viele Jahre – mitunter lebenslang – einem Stadtteil verbundenen Bewohner werden aus ihren Quartieren verdrängt, weil sie sich die steigenden Mieten nicht mehr leisten können. Wer nicht genug Geld hat, muss in Randgebiete ziehen oder die Stadt sogar verlassen. Im Gegenzug kommen Besserverdienende in den Bezirk, weil sie sich die hohen Mieten leisten können. Nicht nur die soziale Durchmischung wird somit verringert, sondern auch Charme und Vielfalt der Stadtteile gehen verloren.

Künstler und Handwerker können sich die hohen Mieten nicht mehr leisten und verschwinden. Der Bäcker, bei dem Sie Ihren leckeren Kaffee für 2 € genossen haben, muss Platz für Starbucks und einen minderwertigen Cappuccino im Pappbecher für 5 € machen. Der Stadtteil, der jahrzehntelang seinen eigenen Stil und Charme hatte, sieht nun so aus wie jeder beliebige in London oder Paris. So lässt sich der Fachbegriff *Gentrifizierung* am besten zusammenfassen.

Eine weitere Folge der *Gentrifizierung* ist die Entstehung von Ghettos. Durch die verringerte soziale Durchmischung entstehen Viertel, in denen nur noch die Reichen leben und Stadtteile, in denen die Armen unter sich bleiben. Es gibt Spannungen. Wohin das führt, kann man sehr gut in Paris beobachten. Mehrfach kam es in der Innenstadt zu großen Ausschreitungen der völlig verarmten Bewohner der Außenbezirke und Vororte.

Hohe Mieten verursachen hohe Preise.
Steigen die Mieten in einer Gegend, so bekommen das *alle* zu spüren. Jedes Geschäft, dessen Miete erhöht wurde, muss die höheren Fixkosten auf die Preise aufschlagen, die man für dessen Waren und Dienstleistungen zahlt. So kostet z. B. eine leckere Salami-Pizza bei meinem Lieblingsitaliener in Berlin-Tempelhof 8,50 €. Auf dem Kurfürstendamm in Berlin kostet eine kleinere, nicht so leckere Salami-Pizza 16 €! Ihr Friseur, Ihr Bäcker, Ihr Lieblingsrestaurant – alle müssen die Preise erhöhen, wenn deren Mieten steigen. Auf den Champs-Élysées in Paris gibt es übrigens Cafés, die Cappuccino für 12 € verkaufen. So darf Berlin keinesfalls werden.

Teure Mieten erhöhen die Arbeitslosigkeit.
Um ihre Mieten in teuren Städten bezahlen zu können, müssen Arbeitnehmer mehr Geld verdienen als an Orten, wo die Mieten günstig sind. Ihre Arbeitgeber können ihrerseits die Preise aus Konkurrenzgründen nicht beliebig erhöhen und rationalisieren lieber, indem sie weniger Personal beschäftigen oder ihren Einkauf aus dem Ausland steigern.

Viele Start-ups benötigen, insbesondere in der Anfangsphase, günstige Mieten, um überhaupt anfangen zu können. Schon jetzt verliert Berlin durch die steigenden Mieten einiges an Attraktivität für Unternehmen. Die ersten Start-ups verlassen Berlin bereits. Mit ihnen gehen die Arbeitsplätze.

Der Traum einer eigenen Wohnung ist kaum noch realisierbar.
Zum ersten Mal nach dem Zweiten Weltkrieg wird es die kommende Generation nicht besser haben als ihre Eltern. War es früher möglich, durch harte Arbeit genügend Geld für ein eigenes Heim zu erwirtschaften, ist das heute in Berlin für die große Mehrheit der Menschen nicht mehr möglich − es sei denn, man erbt. Die Preise haben sich von 2013 bis 2018 nahezu verdoppelt. Die Löhne und Gehälter sind, wenn überhaupt, um kaum mehr als 5 % gestiegen.

Auch die wenigen, die sich perspektivisch eine Eigentumswohnung leisten können, müssen zunächst ihren Lebensunterhalt bestreiten und den Rest auf die hohe Kante legen, um die nötigen Mittel für einen Wohnungskauf anzusparen. Dieser Rest schmilzt durch die steigenden Mieten, da diese ja, wie bereits ausgeführt, bis zu 50 % des Einkommens in Anspruch nehmen. Durch die abhebenden Immobilienpreise sind also selbst solche relativ wohlhabenden Haushalte nun doppelt gestraft.

Zusätzlich zu den schwindenden Reserven, die das Ansparen für Wohneigentum ermöglichen, sind diejenigen zugleich mit den wesentlich höheren Anschaffungskosten der infrage kommenden Immobilien konfrontiert, denn deren Preise haben sich im Zeitraum 2013-18 in Berlin nahezu verdoppelt. Das bedeutet in Kombination mit den langsamer wachsenden Ersparnissen, dass selbst in den Haushalten der mittleren Einkommen wesentlich länger gearbeitet werden muss, um den Kauf einer Wohnimmobilie finanzieren zu können, weil ja unterm Strich weniger angespart werden kann. Hatte man früher zum Beispiel nach zehn Jahren genügend Kapital für den Wohnungskauf angesammelt, so werden nun dafür um die vierzig Jahre benötigt! Bei der heute durchschnittlichen Dauer eines Berufslebens von ebenfalls rund vierzig Jahren, lässt sich somit bei

Renteneintritt eine Wohnung erwerben – dies aber auch nur, wenn die Preise nicht weiter so steigen wie bisher. Den Nutzen einer eigenen Wohnung genießt jedoch nur derjenige, der diese vor seinem Renteneintritt auch voll abbezahlt hat. In der Zusammenschau bedeutet all dies: Der Kauf einer eigenen Wohnung ist für die meisten Haushalte inzwischen unmöglich geworden.

Auch das Kleingewerbe leidet!
Alle sprechen von Wohnungen und vergessen dabei die Gewerbemieten. Ich kenne kleine Gewerbebetriebe, die ihre Existenz aufgeben mussten, weil ihr neuer Vermieter – ein US-Investor – ohne das Gebäude aufzuwerten, die Miete verdoppelt hat. Ob Einzelhändler, Handwerker, Imbiss-Betreiber, Friseure oder Künstler – viele Betriebe müssen solche Entwicklungen befürchten.

Tatsächlich existieren keinerlei Programme, die den vom Kleingewerbe lebenden Menschen helfen. Die lapidare Antwort der auf dieses Thema von mir angesprochenen Politiker lautet, dass dies eben zur freien Marktwirtschaft gehöre und wir es so zu akzeptieren hätten. *Das müssen wir nicht!* Auch der Schutz des Kleingewerbes ist essenziell. Willkürlich erhöhte Mieten gefährden die Existenzgrundlage vieler Gewerbetreibender. Es darf nicht sein, dass einem kleinen Gewerbemieter, der vierzig Jahre lang seine Miete stets pünktlich bezahlt hat, gekündigt wird, damit der sogenannte *Investor* der Immobilie höhere Mieten erzielen kann – und das eben ohne einen Cent in deren Werterhaltung oder gar Sanierung zu *investieren*.

Der Verlust der Möglichkeit als Selbstständiger sein Gewerbe auszuüben, wirkt sich auch auf dessen Wohnraum aus, insofern er die Miete für die Unterkunft seiner Familie bisher mit der Arbeit in dem Gewerberaum finanziert hat. Wenn nun der Vermieter nach Ablauf des Vertrages die Miete der Gewerbeimmobilie drastisch erhöht, wie in dem oben erwähnten Fall, dann kann der Selbstständige nicht nur sein Gewerbe nicht mehr ausüben, sondern obendrein auch seine Wohnraummiete nicht mehr zahlen. Er und seine Familie sind also doppelt und somit existenziell betroffen.

Die steigenden Mieten bedrohen die Clubszene.
Jährlich kommen aus allen Ländern der Erde über 3 Mio. junge Menschen nach Berlin zum Abfeiern. Die Berliner Clubszene ist auf der ganzen Welt einzigartig und berühmt. Diese Besucher geben viel Geld aus für Übernachtungen, Essen, Trinken und Einkäufe. Leider müssen immer mehr Clubs schließen, weil sie ihre erhöhten Mieten nicht mehr zahlen können. Die Vielfalt, die Berlin bietet, der Witz und der Charme sind bedroht. Das Berliner Nachtleben ist auf dem besten Weg, so langweilig zu werden wie das in Paris, wo man nur gut betuchte Gäste in schicken Nachtclubs sieht.

Hohe Mieten vergrößern die Schere zwischen Arm und Reich.
Wenn jemand 40 bis 50 % seines Einkommens allein zum Wohnen aufbringen muss, bleibt nach Abzug anderer Lebenshaltungskosten nicht viel zum Sparen übrig. Vermögensanschaffung wird nahezu unmöglich. Immobilienbesitzer hingegen mehren ihren Reichtum dank einer wahren Win-win-Situation, die sie durch ihre Investition kurz- und langfristig sicherstellen: Einerseits erhöhen sie durch Mietsteigerungen ihre monatlichen Einnahmen, und andererseits steigt der generelle Wert von Immobilien unaufhörlich.

Der Wert einer Immobilie hängt von der Rendite ab (Rendite ist nichts anderes als Gewinn, aber in Prozenten ausgedrückt). Wenn jemand eine Immobilie für eine Million Euro kauft und 3 % Gewinn pro Jahr auf sein Kapital haben möchte, wären das 30.000 € netto Kaltmiete abzgl. Kosten pro Jahr. Man spricht hier von einer Rendite von 3 %. Erhält der Besitzer der Immobilie aber 60.000 € netto Kaltmiete pro Jahr, ist diese Immobilie zwei Millionen Euro wert und man käme auf die gleiche Rendite von 3 %. Der Gewinn von 60.000 € im Jahr entspricht 3 % von zwei Millionen. Folglich steigt der Wert der Immobilie, wenn die Mieten steigen. Da es wesentlich mehr Mieter gibt als Immobilienbesitzer, wird die Mehrheit der Menschen durch steigende Mieten ärmer, eine kleine Minderheit reicher. Der Abstand wird größer. Nun sind Immobilien natürlich nicht der einzige Grund für die Vergrößerung der Schere zwischen Arm und Reich. Da die Mieten aber den größten Posten der Lebenshaltungskosten für Menschen ohne Immobilienbesitz darstellen, und auf der anderen Seite der mit Abstand größte Anteil an Vermögen in Immobilien steckt, hat teurer Wohnraum die dramatischste Auswirkung.

Hohe Mieten sind schlecht. Wer das bestreitet, verdient damit direkt oder indirekt Geld – oder er ist realitätsfremd.

Kapitel 2
Am Anfang war ein Knall

Die Menschheit ist zu weit vorwärtsgegangen, um sich zurückzuwenden und bewegt sich zu rasch, um anzuhalten.

Winston Churchill

Wir befinden uns definitiv in einer Wohnkrise. Doch Krisen sind da, um gemeistert zu werden. Um aus einer Krise herauszukommen, ist es wichtig, als Erstes die Ursache zu verstehen, um so erkennen zu können, was zu tun ist. Daher werden wir in den folgenden zwei Kapiteln einen Blick in die Vergangenheit werfen.

Vor ca. 13,8 Milliarden Jahren gab es den Urknall, die rapide Expansion des Universums aus einer von Physikern so genannten „Singularität", die auf ihnen noch unerklärliche Weise zugleich Raum, Zeit und Materie hervorgebracht hat. Davor gab es nichts, was sich mit unseren Instrumenten, Bildern, Begriffen und Formalismen erfassen ließe. Dass es vor dem Urknall noch nicht einmal irgendeine Zeit gegeben haben soll, kann mein Verstand nicht greifen, aber man muss im Leben nicht alles verstehen.

Ungefähr neun Milliarden Jahre später entstand unser Sonnensystem, also auch die Erde. Es dauerte weitere zwei Milliarden Jahre, bis die ersten Lebewesen auf unserem Planeten entstanden, um sich im Laufe der Evolution immer weiter bis zur „Krone der Schöpfung" zu entwickeln: uns Menschen, auf Latein *Homo sapiens. Sapiens* heißt „weise", was allerdings Zweifel aufkommen lässt, angesichts dessen, was die Menschheit so alles anstellt.

Unsere direkten Vorfahren erschienen in Ostafrika vor ca. 150.000 – 200.000 Jahren.[8] Um die geringe Bedeutung der Menschheit im kosmischen Maßstab besser zu verstehen, stellen wir uns einmal vor, dass beim Urknall eine Uhr um Mitternacht gestellt wurde und bis heute 24 Stunden vergangen sind. Dann hat der Mensch erst nach 23 Stunden, 59 Minuten und 59 Sekunden die Erde betreten, also ca. eine Sekunde vor Mitternacht.

Bis vor 12.000 Jahren etwa – also mind. 95 % ihrer genetischen Lebensdauer – lebten unsere Vorfahren in Gruppen von 20 bis 150 Personen. Sie waren Jäger und Sammler. Die Menschen hatten keinen Grundbesitz. Feste Wohnsitze hätten die Flexibilität bei der Nahrungssuche behindert. Das Anhäufen von Besitztümern, das erst ein fester Wohnsitz erlaubt, wäre eher hinderlich und gefährlich gewesen. Wenn auf den Wanderungen der Sippen plötzlich ein hungriger Löwe auftauchte, wären unseren Vorfahren schwere Louis-Vuitton-Koffer beim Weglaufen gewiss hinderlich gewesen.

Ein Sekundenbruchteil vor Mitternacht auf unserer Urknall-Uhr, also vor ca. 12.000 Jahren erst, begannen die Menschen sesshaft zu werden – und es ergaben sich etliche neue Probleme. Die dauerhafte Ansiedlung erzwang Arbeiten wie Ackerbau und Viehzucht und dadurch vermehrten sich die Menschen aufgrund der hierfür nötigen Arbeitskräfte dramatisch. Besitztum wurde wichtig. Vor ca. 10.000 Jahren gab es fünf bis zehn Millionen Menschen auf der gesamten Erde. Alle lebten auf dem Land, denn es gab noch keine Städte. Im Jahre 1 unserer Zeitrechnung waren es bereits zwischen 170 und 400 Mio. Menschen. 90 % von ihnen lebten auf dem Land. Um 1800 erreichte die Weltbevölkerung eine Milliarde und heute leben über sieben Milliarden Menschen auf der Erde. Ein Zuwachs von ca. 500

---

[8] Eine kurze Geschichte der Menschheit, Yuval Noah Harari (Israel 2011, dt.: München 2013)

Mio. Menschen dauerte 1.800 Jahre, für die nächsten sechs Milliarden Zuwachs brauchte es nur noch 200 Jahre. Während in Deutschland im Jahre 1800 nur 55 % der Menschen in Städten lebten, sind es heute bereits 75 % – Tendenz steigend.

Diesem Trend wird in ferner Zukunft von der Natur definitiv ein Ende gesetzt werden, da unsere Sonne ihre Energie verbraucht haben wird. Jegliches Leben auf unserem Planeten wird ausgelöscht. Bereits in einer Milliarde Jahren wird die Sonne im Zuge ihrer graduellen Erwärmung auf dem Weg zum Roter-Riese-Stadium die durchschnittliche Temperatur auf der Erde von derzeit 15° C auf den für Lebewesen kritischen Wert von 30° C ansteigen lassen. Eine weitere Mrd. Jahre später sind 100° C erreicht. Dann haben sich auch alle Wohnprobleme erledigt. Selbst Elon Musks Kolonien auf dem Mars können nicht helfen, denn der Mars wird nicht mehr existieren. Herr Musk sollte dringend den langfristigen Nutzen seines Projekts überdenken.

Bis dahin ist allerdings noch sehr, sehr viel Zeit. Die Urbanisierung wird in naher Zukunft weiter zunehmen. Es werden immer mehr Menschen in die Ballungszentren ziehen wollen. Diese Menschen brauchen Wohnungen. Dadurch baut sich noch mehr Druck auf die Wohnsituation auf, vor allem in den Großstädten.

Es wäre allerdings nicht das erste Mal, dass Bevölkerungswachstum Probleme auf dem Wohnungsmarkt auslöst, wie wir im nächsten Kapitel am Beispiel von Berlin sehen werden.

Kapitel 3
Eine kurze Geschichte der Berliner Wohnungsnot

Die Welt wäre perfekt, käme ich mit meinem heutigen Wissen und jahrzehntelangen Erfahrungen noch einmal auf die Welt.
A. A. Djadda (Vater des Autors)

Es ist erstaunlich, wie man sich mit der Zeit verändert. Geschichte gehörte für mich und meine engsten Freunde so ziemlich zu den langweiligsten Fächern in der Schule. Lieber besprachen wir die Historie unserer Feten, anstatt uns die Jahreszahlen der Punischen Kriege zu merken. Wie wichtig die Geschichte für das Leben sein kann, wurde mir erst viel später bewusst.

Leider kann man ja mit seinem langwierig erworbenen Wissen nicht wiedergeboren werden. Wohl aber gibt es zwei Wege, Fehler zu vermeiden: Man lernt aus den Fehlern anderer und/oder man befasst sich mit Geschichte.

Um 1700 lebten 55.000 Menschen in Berlin. Im Zuge der Industrialisierung entstanden hier und in anderen Städten Arbeitsplätze, die Menschen anzogen und zu einer massiven Urbanisierung führten. 1816 hatte Berlin 200.000 und 1846 bereits 400.000 Einwohner. Daraus resultierte natürlich eine Wohnungsnot. Unser heutiges Problem ist also nicht ganz neu.

Die Wohnungsnot wurde mit einem gewaltigen Bauboom bekämpft. Neue Bauflächen wurden geschaffen. Zum Beispiel verlegte König Friedrich Wilhelm IV. das Hofjagdgebiet vom Großen Tiergarten in den Wildpark bei Potsdam und schenkte das frei gewordene Gelände der Berliner Bevölkerung. Und dennoch wuchs Berlin schnell über seine Stadtmauern hinaus und die Peripherie wurde entwickelt. Telegrafenlinien wurden zum Zwecke schnellerer Kommunikation errichtet.

Bereits um 1800 begann die öffentliche Hand mit dem Ankauf von Grundstücken, um günstigen Wohnraum für die benötigten, aus dem Umland herbeiströmenden, Arbeiter zu schaffen. Das Reichsgenossenschaftsgesetz von 1880 ermöglichte die Gründung von Wohnungsbaugenossenschaften. Diese arbeiteten nicht ausschließlich gewinnorientiert und konnten somit sozial verträgliche Mieten anbieten.

Zu einem weiteren Schub massiver Bautätigkeit kam es zwischen 1923 und 1929. In jener Zeit entstanden 140.000 Wohnungen. Viele Gartenstädte wurden entwickelt. In dieser Phase konnte allerdings auch schnell und unkompliziert geplant und gebaut werden. Gleichwohl wird die hohe Wohnqualität dieser Siedlungen bis heute sehr geschätzt.

Im Zweiten Weltkrieg wurden 600.000 Wohnungen in Berlin zerstört sowie 100.000 beschädigt, aber in nur wenigen Jahren baute man nach dem Krieg so viele Wohnungen, dass es keinen Notstand mehr gab.

Eigentlich klingt das alles nach Patentrezepten für die Bewältigung der heutigen Probleme. Zumindest beweist uns dieser Blick in die Geschichte Berlins: Wohnungsprobleme lassen sich lösen!

Doch Ende der 1970er-Jahre schien das Lösen des Problems auf einmal nicht mehr möglich. Zu dem damals erneut aufkommenden Wohnungsmangel gesellte sich gleichzeitig spekulationsbedingter Leerstand im Westteil der Stadt. Viele Wohnungen wurden nicht vermietet, weil die Inhaber nur auf den Wertanstieg setzten und keine Komplikationen mit Mietern haben wollten. Es folgten die Hausbesetzungen als Protest. Vierzig Jahre später haben wir es erneut mit Wohnungsnot, spekulationsbedingtem Leerstand und Hausbesetzungen zu tun. Das alles ist also nicht neu.

Um die Jahrtausendwende wurden unter dem damaligen Regierenden Bürgermeister Klaus Wowereit und seinem Finanzminister Thilo Sarrazin mehrere Wohnungsbaugesellschaften mit über 200.000 Wohnungen verkauft. Freudig wurde verkündet, dass über 400 Mio. € erlöst wurden und Berlin somit sein Haushaltsdefizit erheblich verringern konnte.

Leider war die Freude nur von kurzer Dauer, denn die Folgen für die Wohnsituation in Berlin wurden dabei kaum berücksichtigt. Die Käufer der Immobilien waren börsennotierte Unternehmen, ausgerechnet auch US-Fonds wie Cerberus, die hohe Gewinnvorgaben haben. Die Aktionäre bestehen rigoros auf einer Profitmaximierung. Sie erwarten hohe Dividenden und einen steigenden Aktienwert. Die Dividende ist die jährliche Gewinnausschüttung einer AG an sämtliche Aktionäre. Je höher dieser Gewinn ausfällt, desto mehr Dividende kann an die Aktionäre verteilt werden und desto höher wird die Aktie an der Börse bewertet.

Die Manager der AG fügen sich dieser Zielsetzung zumeist, weil ihre eigenen Einnahmen zum größten Teil durch Bonus-Zahlungen an die Ergebnisse gekoppelt sind. Wenn Manager die Ziele verfehlen, werden sie entlassen. Unmittelbar nach Ablauf der Mietpreisbindungen kam es zu drastischen Mieterhöhungen durch die üblichen Tricks wie Modernisierungs- und energetische Maßnahmen. Letztendlich musste die Stadt einspringen und viele Mieter unterstützen – was den vermeintlichen Superdeal zu einem Verlustgeschäft degradiert hat.

Ich stelle hier mal eine vereinfachte, also nicht ganz präzise „Milchmädchenrechnung" auf. So sieht man zumindest die Zusammenhänge klarer:

Die Stadt hat im Jahr 2000 ihre günstig vermieteten Wohnungen verkauft und dadurch 400 Mio. € erlöst. Mit den Käufern wurde eine Mietpreisbindung auf zehn Jahre vereinbart. Nach Ablauf dieser Mietpreisbindung haben die neuen Besitzer die Mieten drastisch erhöht. Viele Mieter gerieten daraufhin in finanzielle Notlagen und wandten sich an die Stadt. Diese unterstützte die Mieter mit diversen Maßnahmen, die jährlich, sagen wir mal nur zur Veranschaulichung, 40 Mio. € gekostet haben und weiterhin kosten. Nach zehn Jahren sind die erlösten 400 Mio. € komplett aufgebraucht! Danach zahlt aber die Stadt jedes Jahr weitere 40 Mio. € und macht so alle zehn Jahre 400 Mio. € Verlust. Wie viel die Stadt jährlich genau für diese Mietzuschüsse aufbringt, kann vernachlässigt werden, denn langfristig betrachtet wird der Verkauf städtischer Wohnungsbaugesellschaften auf jeden Fall zum Verlustgeschäft. Man muss nicht Wirtschaftswissenschaften studiert haben, um solche Verkäufe an private Investoren als Kardinalfehler zu identifizieren. In Wien waren die Politiker schlauer. Dort ist der Löwenanteil an Wohnungen im Besitz der städtischen Wohnungsbaugesellschaften.

Und die Initiatoren dieses Superdeals – Wowereit und Sarrazin – wo sind sie heute? Sarrazin saß mir bei einem Abendessen, schlecht gelaunt, genau gegenüber. Stolz erwähnte er, dass er der einzige Finanzsenator Berlins war, der für einen ausgeglichenen Haushalt gesorgt hat. Die Spätfolgen erwähnte er nicht. Wer badet das aus? Die heutige Regierung und somit die Bürger Berlins, denn aus deren Steuern kommt das Geld für die Unterstützung der Mieter, die sich die drastischen Mietsteigerungen nicht leisten können.

Ich weise ausdrücklich darauf hin, dass man mit dem heutigen Wissen vergangene Entscheidungen nicht beurteilen sollte.

Wowereit und Sarrazin standen während ihrer Amtszeit enorm unter Druck, den Haushalt auszugleichen. Für notwendige Modernisierungsmaßnahmen der Immobilien wären Investitionen notwendig gewesen. Sie gingen den vermeintlich einfachen Weg und verkauften. Im Jahr 2000 war in Berlin auch noch nichts von einer Wohnungsnot zu spüren.

Zur heutigen Wohnungsnot wäre es in Berlin allerdings, wenngleich etwas abgeschwächt, auch ohne die Verkäufe gekommen – schlicht und einfach weil die Bautätigkeit mit dem Bevölkerungswachstum nicht Schritt gehalten hat.

Die Geschichte der Wohnungsnot in Berlin lehrt uns, was zu tun ist und was besser nicht getan werden sollte. Immer und immer wieder wurden die Wohnungsnotstände gelöst, indem schnell und unkompliziert gebaut wurde. Heute werden solch schnelle Lösungen durch das genaue Gegenteil blockiert, indem Bauland nicht freigegeben wird, weil Bauvorschriften zu komplex und die Verwaltungswege endlos lang und kompliziert sind. Immobilienentwickler werden mit Argwohn betrachtet; sie werden nicht beraten und unterstützt, sondern eher behindert. Und dann wundern sich viele, dass die Probleme größer werden.

Wir müssen quasi zurück in die Zukunft. Warum aber insbesondere ein Bauboom die Kernlösung unserer Wohnprobleme ist, lässt sich überraschenderweise mit Äpfeln und Kaviar erklären. Lesen Sie mal das nächste Kapitel.

II.
Woher kommt das Problem?
Warum werden Immobilien immer teurer?

Kapitel 4
Warum ist ein Apfel billig und Kaviar teuer?

*Die ganze Börse hängt nur davon ab, ob es mehr
Aktien gibt als Idioten – oder umgekehrt.*
André Kostolany

Nun werden Sie sich beim Lesen dieser Überschrift vielleicht die Frage stellen, was Kaviar und Äpfel mit Wohnungen zu tun haben? Viel mehr als Sie vielleicht denken mögen!

Haben Sie sich schon einmal gefragt, warum ein Kilogramm Äpfel ca. 4 € kostet und ein Kilogramm Beluga-Kaviar hingegen bis zu 4.500 €?

Ich frage mich das oft, da mir persönlich Geschmack und Konsistenz von Kaviar wie Meerwasser ohne Bitterstoffe gemischt mit Schleim vorkommen. Ohne Zitronensaft und ein paar Shots eiskalten Wodkas erscheint mir dieser hoch gehandelte Rogen des vom Aussterben bedrohten Störs einfach nicht genießbar – doch über den Geschmack lässt sich nicht disputieren, wie Immanuel Kant schon sagte.

Nun, dieses Phänomen lässt sich relativ leicht erklären: Weltweit werden fast 80 Mio. Tonnen Äpfel produziert. Vom Beluga-Kaviar gibt es pro Jahr knapp 80 Tonnen. Das Angebot an Beluga-Kaviar ist also sehr knapp bemessen, Äpfel dagegen gibt es in Hülle und Fülle. Stellen Sie sich nun einmal vor, es gäbe auf der Welt nur einen Ort, an dem Äpfel wachsen können und die jährliche Produktion läge dadurch weltweit bei nur 1.000 kg dieser schönen, saftigen, süßen, bissfesten, leckeren Äpfel. Der Preis für diese nunmehr exotischen Früchte würde sich dramatisch erhöhen.

Heute gibt es knapp 1.600 Milliardäre auf der Welt, die übrigens insgesamt über genauso viel Geld verfügen wie die ärmsten fünf Milliarden Menschen. Einigen dieser Milliardäre ist ihr Status noch wichtiger als das Geld.

Statussymbol Nr. 1 bei den Superreichen sind private Flugzeuge. Der Rolls Royce unter den Flugzeugen ist die Gulfstream G600, ein Jet, der über 60 Mio. € kostet. Wer aber unter den Milliardären wirklich zeigen will, was er drauf hat, muss eine Jacht haben, und dabei ist die Länge der Jacht wichtiger als der … Ich will die Lockerheit dieses Buches nicht übertreiben. Manche dieser Jachten kosten über 500 Mio. €. Das ist aber noch nicht alles: Allein die Crew, der Liegeplatz, die Versicherung etc. verschlingen pro Jahr etliche Millionen Euro. Dabei beträgt die durchschnittliche Nutzungszeit pro Jahr rund zwei Wochen! Die meisten Inhaber haben nämlich gar keine Zeit, das Leben auf ihrer schönen Jacht zu genießen.

Eine deutsche Werft in Bremen ist einer der bekanntesten Hersteller von Luxusjachten. Ein Freund von mir arbeitet bei einer Firma, die extrem teure Stereosysteme herstellt. In der Spitze kosten diese Systeme 250.000 €. Auf meine Frage, wer denn so viel Geld für ein Stereosystem ausgibt, antwortete er, ein Kunde habe vor Kurzem gleich zehn davon bestellt. Dieser russische Multimilliardär habe bei der Bremer Werft eine Jacht geordert, und in jedem der zehn Gästezimmer an Bord wollte er ein Stereosystem für jeweils 250.000 € installieren lassen. Insgesamt wurden also fast 2,5 Mio. € nur für die Musikanlagen ausgegeben. Die Champagnerdusche, die er bei der Werft mitbestellt hat, war plötzlich nicht mehr so verwunderlich. Ich finde ja, dass Champagner sich im Magen viel besser anfühlt als auf der Haut, aber wie schon erwähnt, lässt sich über Geschmack eben nicht streiten. Ich fand diese Idee sehr kreativ. Chapeau!

Der erwähnte russische Milliardär würde garantiert auch 4.500 € für ein Kilogramm Äpfel zahlen, wenn diese eine Rarität wären und er damit seinen Freunden und Feinden imponieren könnte.

Würde dann noch erfolgreich das Gerücht gestreut werden, die Potenz lasse sich durch den Genuss solcher Äpfel steigern, würden einige Konsumenten in China diese Äpfel begehren, den Bedarf dadurch erhöhen und fast das Zehnfache zahlen. In China kostet nämlich Nashornpulver von asiatischen Nashörnern 40.000 € pro Kilogramm, da eben genau dieser Mythos darüber besteht. Diese faszinierenden Tiere, die eine Entwicklungsgeschichte von fast 50 Mio. Jahren aufweisen, und von denen in Asien nur noch sehr wenige leben, werden allein wegen ihres Horns abgeschlachtet – und das obwohl erwiesen ist, das dieses Pulver fast die gleiche chemische Zusammensetzung wie Fußnägel aufweist und sich auf die Potenz überhaupt nicht auswirkt. Als Viagra auf den Markt kam, hatte ich mich schon riesig für die Nashörner gefreut. Leider kamen aber windige Händler in China auf die Idee, Viagra-Pulver in das Nashornpulver zu mischen, sodass es nun tatsächlich eine Wirkung hatte, was das Problem für die noch lebenden Nashörner verschärfte.

Je seltener etwas vermeintlich Begehrenswertes vorkommt, desto mehr kann man hierfür verlangen. Ob gerechtfertigt oder nicht: Je mehr von einer Ware auf dem Markt erhältlich ist, desto weniger kann man dafür erlösen. Stünden also dem Markt 800 Mio. Tonnen Beluga-Kaviar zur Verfügung, wäre dieser garantiert so günstig, dass man damit Schweine füttern könnte.

Angebot und Nachfrage bestimmen also den Preis. Dies trifft auch auf den Immobilienmarkt zu. Gibt es viele Mieter und wenige Wohnungen, steigen die Preise. Gibt es viele Wohnungen und wenige Mieter, sinken die Preise. Wenn man nun bedenkt, dass sich in Berlin bis zu 800 Bewerber auf eine freie Wohnung melden, leuchtet es ein, dass der Vermieter natürlich verlangen kann, was er will. Selbst wenn er darauf bestehen würde, dass die Bewerber zur Besichtigung auf allen Vieren in die Wohnung kriechen, würden das einige verzweifelt Suchende wahrscheinlich sogar tun. Wenn sich aber nur ein Bewerber auf 800 freie Wohnungen meldet, würden die Vermieter vier Gewichtheber engagieren und diesen Suchenden nicht nur in einer Sänfte die Treppen hinauftragen, sondern sich auch bei der Miete gegenseitig unterbieten.

Hohe Mieten resultieren folglich aus einem geringen Angebot und hohem Bedarf. Sind genügend Wohnungen vorhanden, um den Bedarf zu decken, werden die Mieten nicht steigen. Die Maßnahmen, mit denen unsere Politiker an den Symptomen herumdoktern, wie z. B. mit Mietpreisregulierungen, Milieuschutz etc., sind zwar gut gemeint, tragen aber nicht dazu bei, diesen eigentlichen Ursprung der Mietsteigerungen zu bekämpfen. Es gibt in Deutschland etliche Orte, an denen die Mieten gesunken sind, aus dem einfachen Grund, weil viele Wohnungen zur Miete angeboten werden, der Bedarf jedoch völlig gedeckt ist. Allerdings ist das zumeist auf schlechte Standortpolitik zurückzuführen, insofern der Bedarf durch Abwanderung sinkt, weil Gemeinden und Regionen vernachlässigt werden und somit an Attraktivität einbüßen.

Bedingt durch die Zuwanderung müssten in Berlin jährlich mindestens 30.000 neue Wohnungen gebaut werden. Seit Jahren jedoch dümpelt die Errichtung von Neubauten zwischen 8.000 bis 16.000 Wohneinheiten pro Jahr vor sich hin. Die Politik hat hier komplett versagt und bis heute kein tragfähiges Konzept entwickelt. Hochgerechnet hätten in den letzten fünf Jahren 150.000 Wohnungen gebaut werden müssen und nicht 50.000. Entsprechend vergrößert sich die Kluft zwischen Angebot und Nachfrage von Jahr zu Jahr.

Stolz wird verkündet, dass in Berlin jährlich bald 8.000 Wohnungen mehr gebaut werden. Das ist aber zum einen noch immer nicht genug und zum anderen handelt es sich auch hier womöglich wieder nur um eines der vielen leeren Versprechen, mit denen sich Politiker die Stimmen der Wähler erschleichen wollen. In 2018 wurde das selbst gesetzte Ziel schon einmal nicht erreicht, ohne dass die Verantwortlichen irgendwelche Konsequenzen zu spüren bekamen.

Zusammengefasst bleibt zu sagen: Das mit Abstand Wichtigste, was also getan werden muss, um die Preise für bezahlbaren Wohnraum zu realisieren, ist:

Es müssen mehr bezahlbare Wohnungen entstehen!

Seit Jahren bewegen sich die Preise für Wohnraum in die falsche Richtung und laufen Gefahr, sich derart extraordinär wie Kaviar zu verteuern. Wir müssen also das Angebot erhöhen und dadurch die Preise auf ein akzeptables Niveau bringen.

Wenn wir als Beispiel wieder Berlin heranziehen, so wird hier schlicht und ergreifend einfach viel zu wenig bedarfsgerecht gebaut. Das hat mehrere Gründe:

1. Die Berliner Verwaltung arbeitet in vielen Bereichen, gelinde gesagt, katastrophal. Anstatt Bauherren zu beraten und ihnen zu helfen, sucht man dort nach dem sprichwörtlichen Haar in der Suppe. Es dauert alles viel zu lange und wird unnötig kompliziert. Folglich lassen viele dann doch lieber die Finger vom Bauen und investieren ihr Geld woanders.
2. Die Auflagen drücken derart, dass sich das Bauen schlichtweg nicht rentiert. In einigen Bezirken tauchen doktrinäre Hürden auf. Ich kenne mehrere Fälle von Bauherren und Ämtern, in denen über die Quote der sozial günstigen Wohnungen keine Einigung erzielt werden konnte. Infolgedessen wurde ausschließlich gewerblich gebaut. Tausende be-

zahlbare Wohnungen, die hätten entstehen können, wurden somit verhindert.

3. Ein weiteres Problem stellt das fehlende Bauland dar. Die größten Baulandbesitzer sind der Bund, die Stadt Berlin und die Kirche. Sie alle bunkern ihren Besitz und geben nur wenige Grundstücke frei. Hinzu kommt noch, dass mit vielen Grundstücken spekuliert wird, doch dazu später mehr.

4. Verschärft wird die Lage dadurch, dass viele Wohnungen dem Markt entzogen werden. Die Mobilität ist durch die Wohnungsknappheit und Mietsteigerungen enorm eingeschränkt. Wer einen alten Mietvertrag hat, zieht nicht mehr aus der Wohnung aus, auch wenn z. B. durch den Auszug der Kinder oder die Trennung vom Partner die Wohnung viel zu groß geworden ist. Umgekehrt können Familien, die Zuwachs bekommen, nicht in größere Wohnungen umziehen, weil die Miete dramatisch steigen würde.

5. Des Weiteren werden dem Berliner Markt über 20.000 Wohnungen entzogen, um sie lukrativ über Airbnb an Touristen zu vermieten. Das Angebot an Mietwohnungen schrumpft dadurch weiter. Zwar sind Gesetze verabschiedet worden, um diesem Missbrauch zu begegnen, aber sie werden nicht durchgesetzt. Das ist fast vergleichbar mit dem Drogenhandel, der zwar auch verboten ist, den man jedoch täglich in einigen Berliner Parks beobachten kann, in denen die Dealer sorgenfrei ihrem Geschäft nachgehen.

Andererseits wächst der Bedarf an Wohnungen stetig. Seit 2011 sind jedes Jahr zwischen 40.000 und 50.000 Menschen nach Berlin gezogen. Es werden aber viel weniger Wohnungen pro Jahr gebaut. Die Schere öffnet sich also immer weiter.

Es hat sich herumgesprochen, dass man in Berlin mit Immobilien viel Geld verdienen kann. Anders als bei der Wirkung von Nashornpulver auf die Potenz ist das kein Gerücht. Man kann in Berlin tatsächlich viel Geld mit Immobilien verdienen. Aus dem Ausland strömt massiv Geld in die Stadt, die auf der Investmentskala für Immobilien inzwischen auf Platz zwei, direkt hinter London, aufgerückt ist. Die Nachfrage steigt dadurch und übt enormen Druck auf den Markt aus.

Deshalb wiederhole ich meine Forderung: Das Angebot an bezahlbaren Wohnungen muss erhöht werden. Der Bedarf, der teilweise durch Spekulationen entsteht, muss sinken. Dann werden wir auch Mietpreise sehen, die an Äpfel erinnern.

Bevor ich nun die erforderlichen Einzelheiten und Maßnahmen des Mietenproblems beschreibe, unternehmen wir im nächsten Kapitel zuerst einen kurzen Exkurs in die Immobilienbranche.

Kapitel 5
Kann man teuer bauen und günstig vermieten?

Man soll die Dinge so einfach wie möglich machen.
Aber nicht einfacher.

Albert Einstein

Die Anschaffung von Wohneigentum wird häufig als beste Lösung der Wohnkrise propagiert. Aber so einfach ist das nicht. Denn:

Die Frage, ob man eine Wohnung mieten oder kaufen sollte, ist natürlich nur für die Minderheit relevant, die über das nötige Kapital und genügend Einnahmen verfügt, um sich eine Immobilie überhaupt kaufen zu können. Für die Mehrheit unserer Gesellschaft ist diese Überlegung belanglos, denn sie ist gar nicht in der Lage, sich Immobilien anzuschaffen.

Die Antwort auf die Frage, ob Wohnraum gemietet oder gekauft werden sollte, richtet sich danach, wen Sie fragen. Verdienen die Befragten etwas durch Ihren Kauf, wie z. B. Bauunternehmer, Banker oder Makler, legen sie Ihnen garantiert Kalkulationen mit eindeutigen Kaufempfehlungen vor.

Vergessen Sie das alles. Die richtige Antwort richtet sich schlicht und einfach nach der aktuellen Mietsituation:
- Wenn die Miete günstig ist, langfristig nicht wesentlich angehoben werden kann und der Kaufpreis hoch ist, dann mieten Sie besser.
- Ist die Miete hoch und der Kaufpreis günstig, dann kaufen Sie besser.

- Ungeachtet des Mietenniveaus gilt: Steigen die Kaufpreise drastisch, wie in Berlin, wo sich in nur fünf Jahren die Preise fast verdoppelt haben, dann ist der Kauf in jedem Fall besser. Der Gewinn liegt in der Wertsteigerung der Immobilie. Sollten die Preise jedoch fallen, wie z. B. in einigen Orten im Ruhrgebiet, dann ist Mieten mit Sicherheit besser. Denn auch bei hohen Mieten, die man dann als Inhaber nicht mehr zahlen muss und folglich spart, verliert man Geld, wenn die Immobilie wesentlich an Wert verliert.

Auch spielt der Zinsfaktor eine Rolle, aber wir klammern ihn hier der Einfachheit halber aus.

Als Beispiel:
Ihre Wohnung kostet 500 € Miete kalt pro Monat. Sie könnten die Wohnung für 300.000 € kaufen. Durch die haushohen Nebenkosten – Makler 7,1 %, Grunderwerbsteuer 6,5 %, Notar 1,5 %, Grundbucheintragung etc. – kommen Sie im Handumdrehen auf über 344.000 €. Sie müssten über 57 Jahre Miete einsparen, um den Kaufpreis wieder hereinzuholen. Hinzu kommen außerdem noch die Kosten für Instandhaltung, Modernisierung und Verwaltung, das sog. „Hausgeld". Dieses ist nicht sicher kalkulierbar.

Kostet diese Wohnung aber 1.200 € Miete beim gleichen Kaufpreis, hat sich Ihr Investment nach nur 26 Jahren ausgezahlt. Hier lohnt sich rechnerisch der Kauf.

Doch selbst wenn ein Kauf auf den ersten Blick sinnvoll erscheint, werden einige Dinge bei der Überlegung oft und gern übersehen: Durch die aufgeführten einmalig anfallenden Nebenkosten verlieren Sie beim Wohnungskauf schon mit der Unterschrift im Notarbüro 15 % des Kaufpreises! Wenn Sie nämlich sofort wiederverkaufen müssen, bekommen Sie nur den Marktpreis wieder. Folglich muss Ihre Wohnung schon um 15 % im Wert steigen, nur damit Sie diese ohne Verlust verkaufen!

Ein weiterer, fast noch folgenreicherer Punkt, der beim Kauf nicht genügend Beachtung findet, sind die zurzeit extrem niedrigen Zinsen. Die Wahrscheinlichkeit, dass diese dauerhaft so niedrig bleiben, ist mehr als gering. Sie können eine Zinsbindung mit Ihrer Bank vereinbaren und sich über Ihre geringen monatlichen Zahlungen freuen. Allerdings kommt die große Überraschung, wenn die Zinsen nach Ablauf der Zinsbindung wesentlich steigen.

Ein Zahlenbeispiel:
Ein Kredit in Höhe von 200.000 € ergibt bei 2 % p.a. monatliche Zinsen von 333 €.

Steigen diese nach der Zinsbindung beispielsweise auf 8 %, hat dies monatliche Zinsen von 1.333 € zur Folge!

Genau das geschah vor wenigen Jahren in den USA. Etliche kleine Immobilienkäufer schlossen Kreditverträge mit zwar günstigen, aber variablen Zinsen ab. Als die Zinsen stiegen, konnten sie die monatlichen Raten nicht mehr zahlen und rutschten in die Insolvenz, waren also schlichtweg pleite. Auch ihre Anzahlung und das bis dato bezahlte Geld waren weg – eine Katastrophe für die armen Menschen. Das führte 2008 zum totalen Zusammenbruch und einer weltweiten Wirtschaftskrise.[9]

---

[9] Durch irrsinnige Methoden waren sogar unsere deutschen Banken involviert. Bei der Vergabe der Immobilienkredite in den USA wurden überhöhte Immobilienwerte angesetzt und die schlechte Bonität der Käufer ignoriert. Es musste zum Crash kommen. In Deutschland ist es für die meisten Menschen und kleine Firmen fast unmöglich, Kredite zu bekommen, auch nicht, wenn es sich um wenige Tausend Euro handelt und Vermögen vorhanden ist. Die Richtlinien zur Kreditvergabe sind in den letzten 30 Jahren drastisch verschärft worden. In der US-Immobilienblase verspielten genau diese bei kleinen Beträgen so vorsichtigen Banken Milliarden!

Abgesehen von den finanziellen Risiken, bringt der Kauf von Immobilien noch weitere kleinere und größere Nachteile sowie Einschränkungen mit sich:

- Weniger Flexibilität: Wie schon im Kapitel über unsere Vorfahren ausgeführt, bindet uns die Immobilie an einen Ort. Doch unser heutiger Arbeitsmarkt ist komplett umgekrempelt – Mobilität wird immer wichtiger. Findet man plötzlich woanders einen besseren Arbeitsplatz, kann man seine Wohnung nicht mitnehmen. Deswegen heißt sie ja auch Immobilie (unbeweglicher Besitz). Sie müssen verkaufen, was dauern kann, oder sie vermieten, was mit Aufwand verbunden ist.
- Weniger Flexibilität in Beziehungen und Familienplanung: Die Scheidungs- und Trennungsquote hat sich in den letzten Jahrzehnten dramatisch geändert. Leben und kaufen Sie mit Ihrem verehelichten oder befreundeten Partner zusammen, so ist bei einer Trennung der Stress vorprogrammiert. Ziehen bei einer Familie die Kinder aus, ist die Wohnung plötzlich zu groß, bekommt man ungeplant Kinder, ist sie zu klein. Leben Sie als Paar oder Familie zur Miete, lassen sich solche Situationen durch Um- oder Auszug einfacher lösen.
- Ein erheblicher Teil Ihres Kapitals ist durch Ihre Immobilie fest gebunden. Brauchen Sie nun dringend Geld, können Sie nicht etwa „mal eben zwei Fenster verkaufen", wie es der bekannte Börsenexperte Dirk Müller treffend formuliert hat.
- Außerdem kommen auf einen Eigentümer regelmäßig auch unvorhersehbare Investitionen zu, die er nicht genau kalkulieren kann. Diese Sorgen hat sonst nur der Vermieter. Dazu ein weiters Bonmot von Dirk Müller, mit dem er sich an die Mieter wendet: „Bei z. B. einem Wasserrohrbruch kümmert sich der Hauseigentümer um die Reparatur, während Sie die Zeit gemütlich in der Sonne verbringen können."

Holen wir noch einmal tief Luft und überlegen in Ruhe: Wohnen ist ein Grundrecht, das jedem zugänglich sein sollte. Warum soll man sich hierbei verschulden? Wären immer und überall günstige Wohnungen zur Miete vorhanden, bräuchte man nicht kaufen. Man könnte sein Leben mit der freien Kaufkraft besser genießen. Der Wohnungskauf wird mit dem Argument propagiert, sich vor steigenden Mieten zu schützen. Sorgt man aber dafür, dass die Mieten nicht steigen, entfällt dieser Grund.
Ich fasse noch einmal zusammen:

- Für die Mehrheit der Bevölkerung stellt sich die Wahl zwischen Kauf oder Miete gar nicht erst, weil sie sich den Kauf einfach nicht leisten kann.
- Für die Minderheit, die sich den Kauf leisten kann, ist dieser jedoch nicht immer von Vorteil, denn es spielen noch viele andere Faktoren eine Rolle.
- Folglich ist die Behauptung schlicht falsch, die Wohnungsprobleme ließen sich lösen, indem der Kauf von Immobilien forciert werde.
- Das Ziel für alle sollte die Schaffung von dauerhaft bezahlbarem Wohnraum zur Miete sein. Der Kauf von Immobilien ist dann ein Luxus, den man sich gönnen mag.

Wer aber wenig Miete zahlen möchte, muss jemanden finden, der günstig vermietet. Günstig vermieten kann man aber nur, wenn man nicht teuer bauen muss. Die Folgen hoher Grundstücks- und Baukosten sind dramatisch und werden völlig unterschätzt.

Die Rechnung ist ganz einfach. Die Gesamtkosten bestehen aus:

- Grundstückskosten
- Baukosten

Fall A:

	Grundstück	600 €/m²
+	Baukosten	1.200 €/m²
=	**Gesamtkosten**	**1.800 €/m²**

Eine 50-m²-Wohnung kostet in diesem Fall 90.000 €. Bei einer Rendite von 5 % müssten monatlich 375 € Miete erhoben werden, also 7,50 € pro m².

Fall B:

	Grundstück	2.500 €/m²
+	Baukosten	1.200 €/m²
=	**Gesamtkosten**	**3.700 €/m²**

Eine 50-m²-Wohnung kostet durch die Verteuerung des Grundstücks 185.000 €. Bei einer Rendite von 5 % müssten 771 € Miete verlangt werden, also 15,41 € pro m².

Der Anteil der Grundstückskosten ist erheblich. Eine Verteuerung der Grundstückspreise, wie in den vergangenen Jahren in Berlin, hat gigantische Auswirkungen auf die Mieten.

Fall C:

	Grundstück	2.500 €/m²
+	Baukosten	2.000 €/m²
=	**Gesamtkosten**	**4.500 €/m²**

Eine 50-m²-Wohnung kostet durch die Erhöhung der Baukosten 225.000 €. Bei einer Rendite von 5 % müsste man 937 € Miete fordern, also 18,75 € pro m².

Eine Steigerung der Baukosten hat eine erhebliche Auswirkung auf die Höhe der Mieten. Anhand der folgenden grafischen Darstellung lässt sich dieser Umstand verdeutlichen.

Der Effekt steigender Kaufpreise von Immobilien auf die Mieten

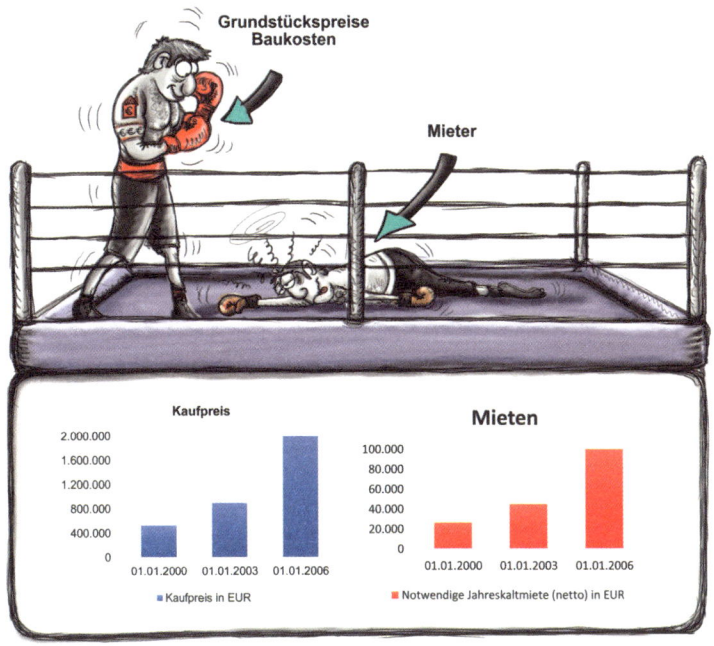

Das würden Boxer als „Links-Rechts-Kombination für Mieter" bezeichnen. Linke Gerade mit der Erhöhung der Grundstückskosten und rechter Haken mit den steigenden Kosten des Bauens zum K.O.

Jetzt versteht man doch besser, wie unsinnig die Vergabe von Bauland zum Höchstpreisgebot war und ist. Zahlt nämlich der Investor an die Stadt viel Geld für sein Grundstück, muss er entsprechend mehr Miete nehmen. Können die Mieter diese nicht allein aufbringen, hilft der Staat mit Wohngeldern. Unter dem Strich verliert der Staat also Geld. Die Einnahmen aus dem Verkauf sind einmalig, die Ausgaben für die Unterstützung hingegen sind langfristig. Interessanterweise rufen genau die Politiker, die Grundstücke möglichst teuer abstoßen und immer mehr Regulierungen fordern, am lautesten nach günstigen Mieten.

Der Bund hilft bei diesem Wahnsinn kräftig mit. So wurde in Berlin im Jahre 2016 für knapp 30 Mio. € ein Filetgrundstück[10] an die Instone Real Estate GmbH verkauft, einem Investor mit hohen Renditeansprüchen. Die städtische Wohnungsbaugesellschaft WBM wollte das Grundstück ebenfalls kaufen, um darauf Sozialwohnungen zu bauen, unterlag jedoch im Bieterverfahren deutlich.[11]

Andere Beispiele gibt es zuhauf. Es ist völlig unverständlich, dass sich der Bund ohne Rücksicht auf das Gemeinwohl wie ein Spekulant benimmt und dadurch hilft, die Mieten hochzutreiben!

Neben den Grundstückskosten sind es die zahlreichen Vorgaben des Gesetzgebers, die die Kosten massiv in die Höhe treiben.

---

[10] Filetgrundstücke sind Grundstücke, die besonders lukrativ entwickelt werden können.

[11] https://www.deutschlandfunk.de/grundstuecksverkaeufe-und-wohnungsmangel-wie-der-bund-an.1769.de.html?dram:article_id=400637

Die Anzahl der Bauvorschriften z. B. ist seit dem Jahr 2002 von 5.000 auf über 20.000 gestiegen! Ich kann mich nicht erinnern, dass früher etwa mehr Häuser eingestürzt oder abgebrannt wären. Die Niederlande, Dänemark und Schweden u. a. kommen mit weit weniger Vorschriften aus. Diese Länder sind keinesfalls Bananenrepubliken und liegen im Standard mit Deutschland mindestens gleichauf. Die Affinität zur Bürokratie hat in Deutschland überhandgenommen.

Als bestes Beispiel hierfür sei der Brandschutz genannt. Die deutschen Vorschriften waren bereits vor Jahrzehnten vorbildlich. Dennoch wurden sie stetig weiter verschärft. Dieser Umstand verlängert die Bauzeiten und führt zu höheren Kosten. Der Brandschutz ist mittlerweile ein echtes Hemmnis für den Wohnungsbau. Viele Dachaufstockungen oder Dachausbauten scheitern am Brandschutz, weil zusätzliche Nottreppen und weitere Auflagen die Kosten enorm in die Höhe treiben. Oft verlangt die Feuerwehr, dass nur so hoch gebaut werden darf, wie die Leitern reichen, wodurch wertvolles Wohnraumpotenzial nicht erschlossen werden kann. Auch im Neubau führt der Brandschutz zu deutlichen Mehrkosten. So wird etwa verlangt, dass auch ein abgebranntes Haus nicht einstürzen kann. In den Niederlanden ist man da wesentlich pragmatischer. Dort wird lediglich verlangt, dass alle Personen das Haus möglichst schnell verlassen können.

Natürlich gilt es, Feuerschäden zu vermeiden. Einen hundertprozentigen Schutz vor Unfällen aber wird es im Leben nicht geben. So starben 2011 in Berlin 32 Menschen durch Feuerereignisse. In 2016 waren es 37 Opfer, eine Steigerung von 15 %. Populisten würden behaupten, der verschärfte Brandschutz führe zu einer höheren Todesrate. Das ist natürlich Unsinn, handelt es sich doch lediglich um eine normale statistische Schwankung. Dennoch sind immer Aufwand und Nutzen abzuwägen. Wir könnten die Zahl der Todesopfer reduzieren, wenn jeder zum Tragen eines Feuerlöschers auf dem Rücken verpflichtet wäre, wenn er ein Haus betritt. Wäre das den Aufwand wert?

Schauen wir uns ein weiteres Beispiel an:

Experten reagieren häufig wie Pferde mit Scheuklappen. Sie leben in ihrer eigenen Welt und widmen sich ihrem Sachgebiet. Dabei stellen sie die Dinge meist – in ihrer eigenen Sprache – so kompliziert wie möglich dar. Außenstehende können wenig verstehen und allenfalls andächtig nicken. Mein Rat: Benutzen Sie Ihre grauen Zellen und überlegen Sie ganz in Ruhe und logisch schon im Ansatz, ob die Ausführungen des Experten einen Sinn ergeben.

Denken wir an die energetischen Maßnahmen. Zunächst klingt das positiv. Oh ja, Energiesparen ist gut, Klimaschutz ist prima! Eindeutig sind moderne Heizungen und Heizkörper von Vorteil, Fenster zum großen Teil auch. Wie sinnvoll aber ist die aufwendige Dämmung der Fassaden?

Alle neutralen Fachleute wissen, dass Dämmung völlig übertrieben ist. Vorher hielten unsere Fassaden hundert Jahre durch und mussten alle dreißig Jahre gestrichen werden. Heute haben wir Dämmplatten, die deutlich früher erneuert werden müssen. Das treibt die Mietkosten in die Höhe. Hinzu kommt noch, dass es sich bei den Stoffen um künftigen Sondermüll handelt. Das kostet und verteuert zudem die Mieten weiter.

Durch die übertriebene Dämmung können die Wände nicht mehr atmen. Es entsteht Feuchtigkeit in den Gebäuden. Fenster müssen zum Lüften häufiger geöffnet werden und es entweicht paradoxerweise Wärme, die durch eben diese Dämmung als Energie eingespart werden sollte.

Die Dämmstoffe bestehen aus Styropor. Dessen Herstellung verschlingt viel Energie! Außerdem brennt Styropor hervorragend. Doch hier erweist sich der Brandschutz seltsamerweise als großzügig.

Und wie so mancher aufmerksame Leser nun zurecht vermutet, werden energetische Maßnahmen häufig missbraucht, um die Mieten hochzutreiben. Viele Mieter wurden durch Mieterhöhungen bereits in die Außenbezirke verdrängt und müssen deshalb täglich zur Arbeit pendeln. Das kostet nicht nur Zeit, sondern auch Benzin. Es bedarf nur etwas Alltagslogik, sich die negative Energiebilanz des gesamten Prozesses vor Augen zu führen: Es wird nur an kalten Tagen geheizt. Gefahren wird aber das ganze Jahr über! Wie die Rechnung unter dem Strich aussieht, dürfte also klar sein. Hinzu kommt, dass Pendeln erwiesenermaßen einer der größten Stressverursacher ist.

Ja, Dämmung lohnt sich – aber nur auf den Konten der Dämmstoffindustrie. Diese verbraucht übrigens Unmengen an Energie für die Herstellung der Dämmstoffe. In dem Kapitel „Wie funktioniert Lobbyismus?" werden die Mechanismen erklärt, warum unsinnige Gesetze überhaupt erlassen werden.

Steigen also die Baukosten durch die immer weiter verschärften Bauvorgaben, zahlen es wieder einmal die Mieter.

Modernisierungsmaßnahmen
Die sogenannten „energetischen Maßnahmen" sind ein Teil der Modernisierungsmaßnahmen. Diese wurden häufig für drastische Mieterhöhungen missbraucht, um Mieter zu vertreiben.

Bis vor Kurzem durften die Vermieter 11 % der Kosten auf die Miete umlegen. Jetzt wurden die 11 % endlich reduziert. Das Grundproblem bleibt aber ignoriert. Viel wichtiger ist, dass die Umlage befristet sein muss! Ob diese Maßnahmen nun berechtigt sind oder nicht, erörtern wir später. Schließlich haben die Mieter die Gesamtkosten gezahlt, der Eigentümer hat lediglich vorfinanziert. Die Kosten werden den Mietern nämlich durch die Umlage aufgebürdet. Das ist im Prinzip in Ordnung, denn die Mieter haben ja angeblich niedrigere Heizkosten. Aber nach einigen Jahren sind die entstandenen Kosten an sich doch voll bezahlt. Die höheren Mieten bleiben aber bestehen – für immer! Und das ist ungerecht.

So sieht die Rechnung aus:

Miete: 500 €
Kosten der Modernisierung: 10.000 €
11 % Aufschlag auf die Miete = 1.100 € pro Jahr,
das entspricht 92 € monatlich.

Nach nur neun Jahren sind sämtliche Kosten voll bezahlt! Der Vermieter hat gar nichts bezahlt. Sämtliches Geld kam von den Mietern. Und nun zahlt der Mieter aber kräftig weiter – für immer! Hinzu kommt, dass die Modernisierungsumlage ein Anreiz dafür ist, soviel wie möglich Geld für die Arbeiten auszugeben. Je teurer nämlich die Kosten der Modernisierung sind, desto mehr Miete kann man verlangen. Schauen wir uns das im Vergleich zu dem erwähnten Beispiel an:

Miete: 500 €
Kosten der Modernisierung: 20.000 €
11 % Aufschlag auf die Miete = 2.200 € pro Jahr,
das entspricht 184 € monatlich.

Auch hier zahlen ja die Mieter über die Jahre die gesamten Kosten. Danach bekommt aber der Vermieter noch mehr Geld, als wenn er weniger investiert hätte! Das führt zu absurden Situationen, in denen die Vermieter versuchen, so viel wie möglich auszugeben.

Besser kann ein Geschäftsmodell nicht sein. Das Gesetz sollte sofort umbenannt werden in „Spekulationsförderungsgesetz". Es ist nicht nachvollziehbar, warum die Politik erst solche Rahmenbedingungen schafft und den Nutznießern dann vorwirft, die Vorteile auszuschöpfen. Die Senkung der Modernisierungsumlage von 11 auf 8 % ist reine Makulatur, um die Wähler ruhig zu stimmen. Das Prinzip bleibt nämlich gleich, die Mieter zahlen nach wie vor sämtliche Kosten und nach Abzahlung der Investitionskosten bleiben sie für immer auf den hohen Mieten hängen. Lediglich der Zeitraum der Abzahlung verlängert sich.

Kosten der Bauunternehmer

Die Bauwirtschaft sollte nicht immer ausschließlich auf den Staat zeigen. Die Firmen selbst arbeiten genauso wie vor dem Weltkrieg. Es werden Baupläne zur Baustelle gebracht, wo keiner weiß, ob sie noch aktuell sind. In Thailand dagegen, einem „Entwicklungsland", werden Tablets eingesetzt.

Bei Baubesprechungen zwischen Bauleiter, Architekt und Subunternehmern wird nicht auf Vorhandenes zurückgegriffen, sondern immer wieder neu geplant. Die Digitalisierung kommt in dieser Branche im Schneckentempo voran. Hier ist noch viel Potenzial vorhanden, die Kosten zu reduzieren.

Fazit

Die Grundstückspreise steigen in Berlin derart dramatisch und die Anforderungen an Bauherren wurden so verschärft, dass günstiges Bauen schier unmöglich ist. Die gestiegenen Kosten verursachen höhere Mieten – ein Effekt, den wir im nächsten Kapitel noch genauer betrachten.

Kapitel 6
Wie werde ich Millionär ohne
Günther Jauch?

Wer wird Millionär? Dumme Frage: Jauch natürlich.
Wolfgang Mocker

Der schnellste Weg zu Reichtum führt wohl über Drogen oder Waffen. Im Großhandel kostet ein Kilogramm ungestrecktes Kokain 20.000 €. In Kolumbien zahlen die Drogenbarone maximal 500 € pro Kilogramm. Wir reden hier also von Profitmargen von über 4.000 %! Diese Geschäfte sind bekanntermaßen mit sehr hohen Risiken behaftet. Bezahlt wird häufig mit Kugeln; hohe Gefängnisstrafen und sogar ein schneller gewaltsamer Tod sind fast vorprogrammiert.

Warum schreibe ich jetzt über Drogen? Nun, Firmen wie Apple sind bei einigen Produkten nicht weit von solchen Margen entfernt. Für ein iPhone-Netzteil, das ich mir vor Kurzem kaufen musste, habe ich 18 € bezahlt. Ich schätze die Produktionskosten in China auf 90 Cent. Ich habe also eindeutig und völlig irrational für die Marke und nicht für das Produkt gezahlt. Der Aufbau solch einer Marke kostet allerdings Milliarden und kommt daher für uns Normalsterbliche nicht in Betracht.

Bevor wir nun darauf eingehen, was wir genau gegen den Mietwahnsinn tun können, möchte ich erst einmal detailliert ausführen, warum Immobilien so lukrativ sind. Mit kaum einem anderen Gut lässt sich so einfach und risikoarm großes Geld verdienen, wie mit Immobilien. Man benötigt natürlich zuallererst Kapital. Nur sechs Monate vor meinem ersten Immobilienkauf in Berlin war ich knapp bei Kasse. Ich hatte mein gesamtes Geld in Immobilien im Iran gesteckt und verfügte über nur wenig Bargeld. Von den Banken erhielt ich keinen Cent Kredit, da ich kein Gehaltsempfänger und dementsprechend nicht kreditwürdig war. Zum Glück konnte ich eine Wohnung in Teheran verkaufen. Nur so gelang es mir, das notwendige Startkapital für mein erstes Investment in Berlin zu beschaffen.

Mein erster Immobilienkauf in Berlin war ein Mietshaus in Köpenick. Der Kaufpreis betrug 850.000 € plus Nebenkosten. Durch eine für mich unverständliche Gesetzesregelung, den sogenannten *Share Deal*, brauchte ich keine Grunderwerbsteuer abzuführen. Das freute mich natürlich zunächst riesig. Meine Nebenkosten betrugen nur annähernd 50.000 €. Die Immobilie war jedoch mit einem Kredit von 550.000 € belastet. Sie gehörte rechtlich einer Firma, die keinen weiteren Geschäftszweck hatte. Ich kaufte also die Firma mit der Immobilie und konnte dadurch das Darlehen übernehmen. Der Kreditnehmer war in dem Fall nicht ich, sondern die Firma, die auch Besitzer der Immobilie war. Ich war der Besitzer der Firma, also blieb sich das eigentlich gleich. Wie einfach, war doch nur sechs Monate zuvor mein Kreditantrag von über 5.000 € von meiner Bank abgelehnt worden. Nun bekam ich über eine halbe Million.

Die Rechnung sah wie folgt aus:

	Kaufpreis inkl. Nebenkosten	900.000 €
–	Bankkredit	550.000 €
=	Eigenkapital	**350.000 €**

Ich musste also nur 350.000 € an Kapital aufbringen, um eine Immobilie zu kaufen, die 900.000 € kostete – Bingo!

Die monatliche Tilgungsrate des Kredits betrug ca. 3.000 €. Ich hatte aber Mieteinnahmen von über 4.000 €. Ab und zu kamen zwar Instandhaltungskosten auf mich zu, doch über das Jahr blieb abzüglich der Zahlungen an die Bank immer noch etwas übrig. Die eigentliche Arbeit erledigte meine Hausverwaltung. Ich konnte mich somit entspannt zurücklehnen und mich anderen Geschäften widmen – in diesem Fall zuerst dem Kauf einer Blechschildmanufaktur in Berlin.

Nach nur drei Jahren verkaufte ich die Köpenicker Immobilie wieder, um die Avus-Tribüne in Berlin zu erwerben. Diese Tribüne ist Teil der ersten Autobahn der Welt und einer legendären Rennstrecke. Das Vorhaben war zwar hochriskant, aber ich konnte nicht nein sagen. Der Verkaufspreis meiner Immobilie in Köpenick betrug 1,4 Mio. €. Die Rechnung sah wie folgt aus:

	Kaufpreis	900.000 €
–	Verkaufspreis	1.400.000 €
=	**Gewinn (vor Steuern)**	**500.000 €**

Man könnte denken, bei einem Kaufpreis von 900.000 € hätte ich 500.000 € Gewinn erzielt. Dabei übersieht man aber, dass mein Kapitaleinsatz eben nicht 900.000 € betrug, denn die Immobilie wurde ja durch ein Bankdarlehen von 550.000 € mitfinanziert. Folglich lag mein Investment bei nur 350.000 €.

Die Rendite (also der Gewinn in Prozent ausgedrückt) war unvorstellbar hoch:

Kapitaleinsatz	350.000 €
Gewinn (vor Steuern)	500.000 €
Rendite (vor Steuern)	**141 %!**

Ich freute mich! Auf den Gewinn von 500.000 € musste ich aber natürlich noch Steuern zahlen. Wäre ich so verschlagen wie einige Spekulanten aus dem Ausland, hätte ich mit Hilfe von Briefkastenfirmen in Steueroasen diese Steuern sparen können. Für solch einen Gewinn müsste ich zwanzig Jahre lang Blechschilder verkaufen – mit dem Unterschied, dass ich dort wirklich regelrecht ackern müsste. Der Umsatz stieg mal und mal sank er, aber die Fixkosten waren immer gleich. Allein die Personalkosten jeden Monat waren purer Stress. Bei meiner Immobilie dagegen fielen nur geringe Fixkosten und kaum Arbeit an.

Bevor Sie sich nun alle auf Immobiliengeschäfte stürzen, möchte ich eine Warnung aussprechen: Man kann bei Immobilien auch sehr viel Geld verlieren. Man muss sein Handwerk beherrschen, sich auskennen und ein gutes Gespür haben. Das Timing im Geschäft ist das A und O. Käme ich just heute nach Berlin, hätte ich nicht den Hauch einer Chance auf solche Gewinne. Ich war auch privilegiert und hatte das Glück, dass mein Vater ein Vermögen aufgebaut hatte. Somit war es mir möglich, 350.000 € Kapital zu beschaffen. Diese Summe würde heute bei Weitem nicht für den Kauf eines Mietshauses reichen. Wäre ich im Jahr 2000 gekommen, um in Immobilien zu investieren, hätte ich nach drei Jahren mit derselben Immobilie Geld verloren.

Es gibt natürlich Bereiche, in denen man noch mehr Geld verdienen kann – sicherlich im Drogengeschäft, aber ich bin ja im Gegensatz zu diesem ein viel geringeres Risiko eingegangen. Das Schönste an diesem Geschäft war: Nicht ich habe den Kredit abbezahlt, sondern meine Mieter. Hätte ich nicht verkauft, hätten mir meine Mieter diese Immobilie zum größten Teil bezahlt. Nach zehn Jahren wäre der Gewinn sogar steuerfrei.

Nun bin ich in der Immobilienbranche eher ein kleiner Fisch. Hängen Sie daher bei meiner Rechnung drei Nullen an die Zahlen, dann kennen Sie im Prinzip das Geschäftsmodell der großen Immobilienfirmen.

Durch Zufall erfuhr ich, dass mein Verkäufer für diese Immobilie nur 530.000 € inkl. Nebenkosten gezahlt hatte. Er war Profi und hatte sie sehr günstig gekauft. Mein Käufer wiederum bot das Objekt nur neun Monate später für 1,8 Mio. € an. Er spekulierte auf einen Hype, der in Berlin durch die steigenden Preise ausgelöst wurde. Wirtschaftlich ergab dieser Preis keinen Sinn, es sei denn, man erwartet, dass die Preise noch weiter steigen. Innerhalb von fünf Jahren stieg der Wert also von 530.000 € auf 1,8 Mio. €. Die 4.000 € Monatsmieteinnahmen waren beim Kaufpreis von 900.000 € super.

Aber jetzt kommt der springende Punkt: Wenn der neue Käufer 1.8 Mio. € plus Nebenkosten zahlen muss, werden die Mieten dramatisch steigen, damit er eine marktgängige Rendite erwirtschaften kann. Die Rechnung sieht folgendermaßen aus:

Kaufpreis	Rendite	Notwendige Netto-Kalt-Jahresmiete (abzgl. Kosten)
530.000 €	5 %	26.500 € (Monatsmiete pro Wohnung 220 €)
900.000 €	5 %	45.000 € (Monatsmiete pro Wohnung 375 €)
2.000.000 €	5 %	100.000 € (Monatsmiete pro Wohnung 833 €)

Um also 5 % Rendite auf 530.000 € zu haben, müssen die Mieteinnahmen 26.500 € im Jahr betragen. Um aber 5 % Rendite auf 2 Mio. € zu bekommen, bedarf es Mieteinnahmen von 100.000 €.

Eine andere Betrachtungsweise ist die Zeit, in der man die Investitionssumme durch die Mieteinnahmen zurückerhält. Investiert man 530.000 € und erhält 26.500 € Miete netto pro Jahr, dauert es zwanzig Jahre, bis man durch die Mieten sein Geld zurückhat. Kostet diese Immobilie aber 2 Mio. € würde es 75 Jahre dauern. Man müsste also die Mieten drastisch erhöhen, damit man – wie im ersten Fall – in zwanzig Jahren sein Geld zurückbekommt.

Genau das ist einer der Gründe für die drastischen Mietsteigerungen in Berlin und anderen Großstädten. Wir sprechen wohlgemerkt von einer Mieterhöhung von 220 € auf 833 € für genau dieselbe Wohnung! An dieser Stelle ist es sehr wichtig, eines zu verstehen: Solche Mietsteigerungen sind nur möglich, wenn nicht genügend Wohnungen angeboten werden. Gäbe es ausreichend günstige Wohnungen, könnten die Käufer teurer Immobilien ihre hohen Mieten nicht durchsetzen.

Es ist nachvollziehbar, dass sich viele fähige Kaufleute in dieser Branche ansiedeln. Warum sollte jemand noch Geld in die Hand nehmen, Fabriken bauen und sich mit den Interessen von Arbeitnehmern herumschlagen, wenn sich relativ einfach mit weniger Arbeit und geringerem Risiko mehr verdienen lässt? Unglaublich aber wahr ist, dass der Staat den Handel mit Immobilien auch steuerlich begünstigt! Im folgenden Kapitel „Sind alle Immobilienkaufleute Haie?" werde ich das näher beschreiben.

Immobilien sind zwar ungeachtet ihrer Lage und des Kaufzeitpunkts stets mit Risiken behaftet, ein gewisser Basiswert geht jedoch nie verloren. Ein Totalverlust, wie bei meiner Bleikristallfabrik in Thailand, die ich nach zwölf Jahren für einen Euro verkaufen musste, ist bei Immobilien nicht möglich. Bezeichnenderweise hat selbst Günther Jauch einen großen Teil seines Vermögens mit Immobilien verdient. Zum Glück und vielleicht weil er im Scheinwerfer der Öffentlichkeit steht, gehört er zu denen, die sich für bezahlbaren Wohnraum einsetzen.

Man könnte natürlich bei Börsenspekulationen noch mehr verdienen – aber auch mehr verlieren. Hedgefonds, Derivate und abstruse Spekulationsmodelle sind für die Normalbürger weder verständlich noch praktikabel. Ursprünglich hatten Börsen den Zweck, Kapital für Firmen zu generieren, damit diese investieren und wachsen konnten. Davon ist heute fast nichts mehr zu spüren.

Auch wenn der Immobilienmarkt nachvollziehbar ein gutes Geschäft bietet, unterscheidet er sich in einem ausschlaggebenden Punkt von anderen Investitionsmöglichkeiten: Wohnraum ist für jeden Menschen essenziell, also lebensnotwendig. Fast niemand braucht wirklich Gold oder Aktien und schon gar nicht Schuldscheine von den bemitleidenswerten Menschen in den USA, die sich den Traum einer Immobilie leisten wollten. (Im folgenden Kapitel „Sind alle Immobilienkaufleute Haie?" erkläre ich, wie Hunderttausende von Menschen ihr gesamtes Vermögen durch Spekulation an den Börsen verloren haben). Wohnraum braucht man aber, und schon allein deswegen sollte das Geschäft mit Immobilien nicht immer ein rein profitgetriebenes Geschäft sein. Hier muss die freie Marktwirtschaft, trotz einiger Schwächen, als noch immer bestes uns bekanntes Wirtschaftssystem eine Sonderregelung finden.

Wohnraum ist viel zu wichtig, als dass er allein den Märkten überlassen werden darf. Ich schlage vor, die verschiedenen Akteure einmal genauer zu betrachten und beginne im folgenden Kapitel mit den Spekulanten.

Ich miete

Ich vermiete

III.
Die Akteure

Kapitel 7
Sind alle Immobilienkaufleute Haie?

Wenn die weißen Haie wenigstens die schwarzen Schafe essen würden!

Gerhard Kocher

Was sind Spekulanten?

Spekulanten! Dieses Wort ist heute in aller Munde. Jedoch wissen die meisten Menschen nicht mehr als die üblichen Floskeln über sie. Das allgemeine Halbwissen besagt, dass sie u. a. mit Immobilien zu tun haben und zum Teil für unsere steigenden Mieten verantwortlich sind. Mir ist an dieser Stelle wichtig, eines klarzustellen: Die meisten Immobilienunternehmer sind ehrbare Kaufleute! Einige entdeckten, dass man mit dem Handel von Immobilien mit relativ wenig Arbeit viel Geld verdienen kann und weniger Steuern zahlt als in anderen Branchen. Die Rahmenbedingungen kommen aber vom Staat. Und so ist es legitim, die Möglichkeiten auch zu nutzen, die der Staat einem bietet.

Die Mehrheit der Immobilienkaufleute arbeitet seriös, was sich an zahlreichen Beispielen beweisen lässt. Ich spreche direkt nur von den Immobilienleuten, die ich auch persönlich kenne. Mein eigener Vermieter A. ist zum Beispiel so einer. Er fordert nur faire und bezahlbare Mieten, und daher wohne ich, obwohl ich selbst Immobilienkaufmann bin, zur Miete und investiere das Geld, das ich für den Kauf einer Wohnung benötigen würde, anderweitig. Er hält seine zahlreichen Mietshäuser in Schuss und freut sich seines Lebens. Denn er hat wenig Ärger mit seinen Mietern, die er übrigens alle persönlich kennt, und er verdient dennoch gutes Geld.

Ein anderes Beispiel: Unternehmer G., der sich vom Bauhelfer zum Multimillionär hochgearbeitet hat, gilt als gemeiner und skrupelloser Kapitalist. Übersehen wird jedoch, dass er sich Gedanken über bezahlbaren Wohnraum macht und eine gemeinnützige Stiftung gegründet hat, um Kindern aus armen Familien zu helfen. Man könnte zwar denken, er täte dies aus Imagegründen, aber er könnte es auch sein lassen und seine Geschäfte unberührt davon weiterführen.

Und noch ein drittes Beispiel: Makler Z. wird als böser, über Leichen gehender Entmieter dargestellt. Tatsächlich ist er eine der angenehmsten Personen, die ich je getroffen habe, und ich habe sehr viele Menschen kennengelernt. Seine Firma beschäftigt 200, in der Mehrheit zufriedene, Personen in Berlin. Auch er hat eine Stiftung zur Schaffung bezahlbaren Wohnraums, die nicht einmal seinen Namen trägt – so viel zum Verdacht, er wolle damit nur sein Ego befriedigen.

Zu guter Letzt: Spekulant Y. kommt aus Russland und lebt in London. Er kauft seine Immobilien in Deutschland über eine Briefkastenfirma in England (die meistens den Zusatz „Properties" trägt), die wiederum ihren Hauptsitz auf den Virgin Islands hat. Durch dieses Machwerk vermeidet er die Zahlung von Steuern. Arbeitsplätze schafft er genau zwei, und das noch nicht einmal in Vollzeit: Einen Spitzenanwalt und einen versierten Steuerberater.

Fähige Immobilienkaufleute aufgrund ihres Reichtums generell als Klassenfeinde zu betrachten, wäre ein Fehler. Ihr erworbenes Wissen ist wertvoll. Hinzu kommt, dass alle erfolgreichen Unternehmer eines gemeinsam haben: erfolgreich zu sein! Sie lösen Probleme und verstehen es, ihre Ziele zu erreichen. Dieses Potenzial sollten wir zu nutzen versuchen. Es gibt sehr angenehme, sozial denkende Unternehmer mit der Bereitschaft, uns zu helfen. Um preiswerten Wohnraum zu schaffen, sollte man diese Kompetenzen nutzen.

Die Spekulanten, von denen ich rede, bilden eine kleine Minderheit und sind schwer zu entdecken. Ihre Immobilien kaufen sie über Briefkastenfirmen im Ausland mit seriös klingenden Namen. Die Aktionäre dieser Firmen sind dann juristische Konstrukte in Steueroasen. So gehen leider viele den einfachen Weg und schimpfen auf die seriösen Immobilienunternehmer, die sich der Öffentlichkeit stellen, die in Deutschland leben, die keine Firmen in Steueroasen haben, um ihre Identität zu verschleiern und die eben nicht alle Mittel der Steuervermeidung ausschöpfen. Viele von ihnen haben auch nicht reich geerbt, sondern sehr hart gearbeitet und es nur so zu großen Vermögen gebracht. An der Hetzjagd sind die Medien nicht ganz unschuldig. Spekulanten zu finden, bedeutet viel mehr Arbeit.

Woran lässt sich erkennen, dass man es mit Spekulanten zu tun zu hat? Sie haben zwei Ziele:

Spekulanten streben immer nach maximalem Gewinn, ohne Rücksicht auf das Allgemeinwohl und die Gesellschaft.
- Sie vertreiben langjährige Mieter, um dann ihre Wohnungen viel teurer zu vermieten. Das erhöht die Rendite.
- Sie wandeln Mietwohnungen sogar in Eigentumswohnungen um, die sie dann verkaufen. So realisieren sie schnelle Profite, statt langfristig Mieten zu sammeln.
- Um unerwünschte Mieter aus dem Haus zu treiben, halten sie nichts instand, bis diese zum Auszug bereit sind.
- Sie erwerben Baugrundstücke, die sie nicht weiterentwickeln, weil das Warten auf die Wertsteigerung viel einfacher und lukrativer ist.

Spekulanten versuchen alles, um Steuern zu umgehen.
Wie machen sie das?
- Die Besitzverhältnisse werden verschleiert, sodass Zuordnungen schwerfallen. Sie erscheinen im Grundbuch nicht persönlich als Eigentümer, sondern benutzen Firmen da-

für, die wiederum im Ausland registriert sind. Der deutsche Staat hat auf diese Firmen keinen Zugriff.

- Sie gründen die sogenannten Briefkastenfirmen in Steueroasen. Um die fälligen Steuerzahlungen in Deutschland zu vermeiden, fingieren sie Kosten, die von der Briefkastenfirma in der Steueroase ihrer deutschen Firma in Rechnung gestellt werden. So verringern sie auf betrügerische Weise die Gewinne gegenüber dem deutschen Finanzamt und verlagern die Profite in die Steueroase, wo keine oder nur sehr geringe Steuern anfallen.

Nicht alle Spekulanten kommen aus dem Ausland. Immobilienunternehmer W. dient hier als Beispiel. Wohl durch einen „glücklichen Zufall" erwarb er 2007 von der Stadt u. a. eine attraktive Immobilie in Berlin-Neukölln für 1,1 Mio. €. Zehn Jahre stand diese Immobilie dann leer. Es geschah nichts, aber auch wirklich nichts mit dem Gebäude. Selbst für gute Zwecke wollte W. nicht vermieten. Auch ich hatte es versucht, das Gebäude für meine OHDE Stiftung zu marktüblichen Preisen anzumieten. Nur so bin ich auf den Fall gestoßen. 2017, also nach genau zehn Jahren, wurde die Immobilie einem kleinen Kreis angeboten, Kaufpreis: 8,6 Millionen €. In Deutschland muss man als Privatperson nach zehn Jahren keine Steuern auf Gewinne durch den Verkauf von Immobilien zahlen. Vielleicht wurde deshalb dieser Zeitpunkt gewählt. Warum sollte man sich mit Mietern herumschlagen, wenn man ohne Kopfschmerzen über sieben Millionen Euro steuerfrei Profit machen kann?

Um noch besser zu verstehen, wie Spekulanten ticken, betrachten wir am besten eine Spezies aus der Tierwelt: Die Ratten. Dies ist nicht abwertend gemeint.

Ratten sind kluge, intelligente Tiere, die aber großen Schaden anrichten können. In einigen Dingen sind Ratten sogar intelligenter als Menschen. Bei fehlendem Nahrungsangebot reduzieren Ratten ihre Geburtenrate. Das kann man bei uns Menschen ja leider nicht sagen. In den reichen Ländern schrumpft die Bevölkerung und in den armen Ländern, wo es gar an Nahrung fehlt, wächst die Bevölkerungszahl am stärksten, da es keine soziale Altersversorgung gibt. Ratten verstehen es, ihre Nahrung aufteilen zu müssen, die Menschen nicht.

Nicht ohne Grund werden Ratten von Indern und Chinesen verehrt. Letztere nehmen das allerdings nicht ganz so ernst, denn Ratten gelten in einigen Gegenden Chinas als Delikatesse.

Die Evolution ist faszinierend. Am erfolgreichsten sind Lebewesen, die ihre Gene am häufigsten weitergeben. Der Mensch gilt als „Krone der Schöpfung". Zahlenmäßig gesehen ist er es aber nicht. Auf der Erde leben ca. 7 Milliarden Menschen, aber geschätzt 15 bis 20 Milliarden Ratten. Sie sind die mit Abstand erfolgreichsten Säugetiere. Auch in Deutschland gibt es weit mehr Ratten als Menschen. Je nach Quelle ist die Rede von ca. 300 Millionen. Genauere Zahlen sind nicht zu bekommen. Es gibt also in den Städten mit an Sicherheit grenzender Wahrscheinlichkeit mehr Ratten als Menschen. Wie viele haben Sie aber in den letzten Wochen gesehen?

Ratten achten darauf, nicht in Erscheinung zu treten. Sie entfernen und verstecken sich, wenn sich ihnen Menschen nähern. Sie wissen, dass Sichtbarkeit nur negative Konsequenzen für sie haben kann. Sie reagieren blitzschnell auf Veränderungen. Auch wenn uns die Intelligenz dieser Tiere fasziniert, schaden Ratten unserer Gesellschaft, denn sie übertragen potenziell bis zu 120 Krankheiten.

Immobilienspekulanten meiden – genau wie Ratten – jede Art von Aufmerksamkeit. Die meisten Bürger bekommen daher gar nicht mit, welche Auswüchse und Folgen die Spekulationen haben:

- Viele Immobilienspekulanten kommen aus dem Nicht-EU-Ausland. Sie haben mit Deutschland und Berlin nichts am Hut, und es ist ihnen folglich auch völlig egal, ob sich Bürger die Mieten leisten können. Mit Hilfe ausländischer Briefkastenfirmen verheimlichen sie ihre Identitäten, damit auch ja keine Beschwerden bei ihnen eingehen. Sie wollen nur so schnell wie möglich Geld machen und weiterziehen.
- Die Gelder vieler Spekulanten stammen aus dubiosen Quellen. Vielfach haben sie in ihren Heimatländern Steuern hinterzogen oder das Geld auf andere Weise illegal beschafft. In Deutschland können sie es investieren, ohne dass ihnen unangenehme Fragen gestellt werden.
- Durch Niederlassungen in Steuerparadiesen fallen dann trotz ihrer hohen Profite keine oder nur geringe Steuern an.

Würde die Öffentlichkeit das alles wirklich mitbekommen und verstehen, dann kämen wütende Proteste auf. Durch Spekulation steigen u. a. Immobilienpreise und Mieten, und das trifft die Menschen ins Mark. Haben sie den Markt einmal ausgepresst, wandern die Spekulanten in die nächste Stadt. Die teuren Preise aber hinterlassen sie uns auf Dauer. Bis heute verlief die Reiseroute so: New York, London, Paris, Barcelona, Kopenhagen sind jetzt abgegrast und nun ist Berlin dran. Hier besteht aber die Chance, endlich etwas dagegen zu tun.

Spekulanten könnten allerdings keine Verteuerung der Mieten verursachen, wenn der Staat nicht versagen und Rahmenbedingungen schaffen würde, die eben Spekulationen gar nicht erst ermöglichen. Man kann nicht oft genug betonen, dass die Spekulanten keineswegs illegal handeln. Sie nutzen nur die Freiräume, die der Staat ihnen gewährt. Bei der Vermeidung der Steuern tun sie nichts anderes als das, was Apple, Amazon, Facebook oder Starbucks auch schon tun.

In einem Punkt ähneln einander auf verblüffende Weise die Bekämpfung von Ratten und Spekulanten. Einer Rattenplage kann man nicht allein durch das Aufstellen von Giftfallen (Bekämpfung der Symptome) begegnen. Abfälle auf der Straße sind die Ursache für die Vermehrung der Ratten. Ihre Population wird kleiner, wenn kein Müll auf der Straße liegt und die Mülleimer geschlossen sind.

Genauso verhält es sich mit den Spekulanten: Man muss ihnen die „Nahrung" entziehen. Gut gemeinter Milieuschutz, Scheinlösungen wie Mietpreisbremsen und dergleichen fromme Wünsche wirken nämlich nicht. Spekulanten finden schnell Wege zur eleganten Umgehung dieser Bedingungen. Die Tricks sind zumeist sogar relativ simpel. Unter vier Augen geben das viele Politiker auch zu.

Mietpreisbremsen klingen zunächst einmal erfolgversprechend, greifen aber nicht. Sie existieren schon seit Jahren und die Mieten sind im Durchschnitt dennoch massiv gestiegen. Was nämlich völlig untergeht, weil es nicht erwähnt wird, ist der Umstand, dass die alte Mietpreisbremse viele Ausnahmen gewährt hat. Drei davon seien hier erwähnt:
- Sie galt nicht für Bestandsmieten sondern nur für Neuvermietungen.
- Sie galt nicht bei Neubauten ab 2014 und bei umfassenden Modernisierungen.
- Der Vermieter musste den Mietern keine Auskunft zum Mietpreis ihrer Vormieter geben.

Wie üblich, wurde von Politikern versprochen, mit einer Verbesserung der Mietpreisbremse das Problem endgültig zu lösen. Das wird aber genauso wenig funktionieren wie bisher. Als Beispiel sei erwähnt, dass der Vermieter nun verpflichtet ist, über die Höhe der Vormiete Auskunft zu erteilen. Wie hoch schätzen Sie die Wahrscheinlichkeit, dass unter hundert Bewerbern jemand den Zuschlag bekommt, wenn er dem Vermieter Fragen zur Vormiete stellt?

Ein weiteres Beispiel, wie Mietpreisbremsen umgangen werden, sind möblierte Wohnungen. Wenn nämlich eine Wohnung eine funktionierende Küche oder „wesentliche" Einrichtungsgegenstände aufweist, wird die Mietpreisbremse ausgehebelt. Der Vermieter kann einen saftigen Aufschlag für seine Möbel verlangen. So kommt es, dass in vielen Milieuschutzgebieten Wohnungen für über 30 €/m² vermietet werden. In der Spitze sind es sogar über 60 €/m²! Sollte es gelingen, auch das zu verhindern – was am Horizont noch nicht einmal zu erkennen ist – werden die Vermieter ganz legal große Abstandssummen für ihre Wohnungen verlangen. In unserer freien Marktwirtschaft wird man das nicht verhindern können.

Mietpreisbremsen schaffen auch keinen bezahlbaren Wohnraum. Es wird lediglich verhindert, dass vorhandener Wohnraum für die Glücklichen, die schon eine Wohnung haben oder trotz der Knappheit ergattern konnten, nicht wesentlich teurer wird.

Man muss also wie bei den Ratten beim Nahrungsangebot beginnen. Wonach gieren Spekulanten? Immobilien und Profite! Kommen Spekulanten an profitable Filetstücke nicht heran und können durch gezielte Maßnahmen keine solch exorbitant hohen Profitmargen mehr erreichen, indem sie keine Steuern zahlen, werden sie verschwinden. Wir müssen die spekulationsfördernden Gesetzeslücken schließen.

So werden riesige Immobilien und Baugrundstücke in vielen Stadtteilen von Spekulanten erworben und nicht entwickelt. Die Spekulanten warten einfach. Weiter steigende Preise und Steuerfreiheit nach zehn Jahren spielen ihnen in die Hände. Ganze Häuserblöcke werden von ausländischen Spekulanten erworben und zum Teil sogar leer stehen gelassen. Die Wohnungen sollen später mit Gewinn verkauft werden. Vermietete Wohnungen erlösen weniger im Verkauf, weil wir in Deutschland strenge Mietgesetze haben.

Wohnen ist eines der wichtigsten menschlichen Grundrechte. Jeder muss die Möglichkeit haben, seinen Wohnraum zahlen zu können. Wohnraum sollte daher nicht zur Spekulation dienen. Darüber hinaus sollten die Profite aus Immobilien im Rahmen bleiben und nicht zum Goldrausch führen.

Die Steuergesetzgebung in Deutschland geht genau den umgekehrten Weg. Aus unerklärlichen Gründen werden Profite aus dem Immobilienhandel steuerlich bevorzugt!

Keine Gewerbesteuer auf Gewinne

Mit Freude habe ich erfahren, dass reine Immobilien-Verwaltungsfirmen keine Gewerbesteuer auf ihre Gewinne zahlen müssen. Angeblich stellt Verwaltung von Grundbesitz kein Gewerbe da. Was ist denn dann der Kauf und gewinnbringende Verkauf einer Immobilie? Das müssen wir uns mal in Ruhe auf der Zunge zergehen lassen:

Jedes Unternehmen – Fabrikant, Händler oder Dienstleister – muss auf den Gewinn Gewerbesteuer und Körperschaftssteuer zahlen. Verdient eine Firma aber ausschließlich mit Immobilien Geld, dann entfällt diese Gewerbesteuer! Wie ich im Kapitel „Wie werde ich Millionär ohne Günther Jauch" beschrieben habe, sind Geschäfte mit Immobilien weniger aufwendig, lukrativer und weniger riskant als die meisten anderen Arten des Geldverdienens. Sie werden obendrauf auch noch mit weniger Steuerlast „belohnt". Diese Regelung beruht auf einem Gesetz von 1936. Es hat sich 83 Jahre lang niemand ernsthaft vorgenommen, diese Ungerechtigkeit abzuschaffen.

Share Deals

Jede Bürgerin und jeder Bürger muss beim Immobilienerwerb Grunderwerbsteuer zahlen, Firmen nicht. Das Instrument zur Steuerumgehung heißt Share Deal. Allein der englische Name verheißt nichts Gutes. Es konnte mir bis heute niemand schlüssig erklären, warum der kleine Bürger die Grunderwerbsteuer schuldet und große Konzerne nicht. Eigentlich sollte es doch genau umgekehrt sein.

Nehmen wir als Beispiel das Sony Center in Berlin: 2010 hatte es ein südkoreanischer Pensionsfonds für schlappe 572 Mio. € erworben. 2017 wurde es an einen kanadischen Fonds und eine englische Investmentgesellschaft für 1,1 Mrd. € verkauft. Es hätten 66 Mio. € Grunderwerbsteuer bezahlt werden müssen. Bezahlt wurde aufgrund des Share Deals nichts! Durch diese Regelung gehen dem Staat Millionen an Steuergeldern pro Jahr durch die Lappen, die sich wunderbar für den Bau von Sozialwohnungen verwenden ließen.

Weitere Steuergeschenke

Bei Personen und einigen Firmenkonstrukten entfällt nach zehn Jahren die Steuer auf Immobiliengewinne, ungeachtet dessen, ob sie 100.000 € oder eine Milliarde Gewinn machen. Es ist nicht nachvollziehbar, warum es keine Limitierung der Freibeträge gibt. Man muss die Frage stellen, warum Gewinne aus Immobilienverkäufen überhaupt bevorzugt behandelt werden. Wenn ein Fabrikant nach zehn Jahren seine Fabrik mit Gewinn verkauft, bekommt er keine Steuervergünstigungen.

Grundsteuer

Zurzeit wird auf Grundstücke Grundsteuer erhoben. Diese Steuer richtet sich nach dem Wert des Grundstücks. Das Problem dabei ist eben diese Bewertung. Die jetzige Regelung könnte von den Schildbürgern stammen. Es werden die Werte von 1964 angesetzt und in den neuen Bundesländern sogar die von 1935. Die Werte werden dadurch völlig verfälscht. Hinzu kommt noch, dass nicht nur die Grundstücke besteuert werden, sondern auch die Gebäude. Halter nur eines Grundstücks zahlen weniger, als wenn sie bauen würden. Wer baut, wird also bestraft. Zwar soll das nun reformiert werden, aber das Grundübel, die Bestrafung von Bautätigkeit, wird nicht angefasst.

Keine Kontrolle der genauen Besitzverhältnisse

Spekulanten verbergen – wie schon erwähnt – ihre Identität durch Briefkastenfirmen in Steueroasen. Trotz enormer Profite zahlen sie obendrein keine Steuern! Es ist doch untragbar, dass der Staat die wahren Nutznießer von Immobilien nicht zu identifizieren vermag. Hier betreibt der deutsche Staat sogar Beihilfe zur Steuerhinterziehung. Etliche Gelder aus dem Ausland, die aufgrund von Spekulationskäufen in Deutschland landen, stammen aus illegalen Quellen.

Die freie Marktwirtschaft ist mit Abstand das beste Wirtschaftssystem, das die Menschheit hervorgebracht hat. Leider haben die meisten Menschen ja ein sehr schlechtes Gedächtnis und lernen nichts aus der Geschichte. Der Ostblock, inklusive der DDR, zeigte deutlich, wie eine der Alternativen aussieht. Wer dies in Zweifel zieht, möge bitte eine Pauschalreise nach Nordkorea buchen und anschließend in Südkorea feiern gehen. Das beantwortet ihm all seine Fragen (einschließlich der noch nicht einmal gestellten).

Allerdings darf der Markt sich nicht komplett selbst überlassen werden. Der Markt regelt sich immer mit einer Verdichtung selbst. Im Laufe der Zeit wird eine kleine Gruppe fast das gesamte Vermögen besitzen. Das lässt sich sehr gut anhand des Spiels Monopoly nachvollziehen. Wer hier einmal die Schlossallee, die Parkstraße und die grünen Straßen besitzt und dort Hotels aufstellt, kann nicht mehr verlieren und bekommt immer mehr Geld. Die Mitspieler gehen pleite. Nicht ohne Grund haben wir eine Kartellbehörde und eine Börsenaufsicht, die Rahmenbedingungen setzen und regulieren.

Fazit:

In Deutschland gelten sehr strenge Mietgesetze, die den Mieter schützen sollen und wovon Mieter in anderen Ländern nur träumen können. Der Immobilienhandel jedoch bleibt merkwürdigerweise fast unreguliert. Immobilien werden wie normale Ware behandelt. Die Zockereien auf dem Markt werden heute völlig unterschätzt. Ob Sie nun Währungen, Öl, Gold, Lebensmittel, Aktien usw. nehmen: Die großen Preisschwankungen basieren zum großen Teil auf Gefühlen und Spekulationen. In der Folge kommen kluge Analysten und erklären, warum z. B. die Aktien gefallen sind. Mit einem guten Gedächtnis stellen wir aber fest, dass vor Jahren teilweise derselbe Grund für eben den Anstieg der Aktien angeführt wurde. Vielleicht erklärt das auch, warum die meisten Analysten für ein Gehalt arbeiten, anstatt Millionen durch Aktienhandel zu erwirtschaften.

Zusammengefasst sind Immobilienkaufleute keine Haie und die Spekulanten unter ihnen eine Minderheit. Man kann den Spekulanten aber nicht die Schuld in die Schuhe schieben. Sie nutzen lediglich die Rahmenbedingungen, die ihnen der Staat vorgibt. Die Steuergesetze, welche die Immobilienbranche betreffen, müssen radikal verbessert werden, damit investiert und nicht spekuliert wird. Verantwortlich für die Steuergesetze sind unsere Politiker, die wir uns jetzt einmal genauer anschauen wollen.

Kapitel 8
Der Kampf des Jahrhunderts: Politiker gegen Spekulanten

Ein Mann, der die Welt mit 50 genauso sieht wie mit 20, hat 30 Jahre seines Lebens verschwendet.
Muhammad Ali

Wir hatten uns ausführlich mit Spekulanten beschäftigt. Nun sind die aufgeführten Fakten über sie so empörend und geradezu kriminell, dass man doch meinen müsste, die Politik greife hier ein. Aber warum passiert das nicht noch viel konsequenter? Politiker stecken in einem Dilemma, das wir uns nun etwas genauer ansehen.

Es wird ja gern auf die Politiker geschimpft. Dabei haben sie den undankbarsten Job überhaupt.

Ich persönlich habe keinerlei Vorurteile gegenüber Menschen aufgrund ihrer Hautfarbe, Rasse, Religion, sexuellen Orientierung und – Parteizugehörigkeit. Man findet in jeder Partei vernünftige und kompetente Politiker. Diese sind nicht ideologisch verblendet und stecken nicht im Joch der Parteipolitik. Ich persönlich folge nicht blind einer Partei und deren Programm, sondern beurteile einzelne Personen. Nicht nur bei Politikern ist eine Verallgemeinerung töricht und gefährlich. Es gibt nicht *die* Deutschen, *die* Ausländer, *die* Unternehmer und eben auch nicht *die* Politiker. In jeder Gruppe gibt es die verschiedensten Menschen. Wir dürfen keine Angehörigen irgendeiner Gruppe über einen Kamm scheren. Parteien werden von Menschen geführt. Entsprechend sind diese Menschen ohne Vorbehalt und sehr genau zu besehen. Das vorab zu erklären, war mir wichtig!

Durch meine Tätigkeiten als Unternehmer in Berlin komme ich häufig mit Politikern in Berührung. Dabei stelle ich fest, dass das Arbeitspensum der Bezirksbürgermeisterinnen und Bezirksbürgermeister sowie das der Staatssekretärinnen und Staatssekretäre, die ich kennengelernt habe, bei Weitem das der fleißigsten Manager in der freien Wirtschaft übertrifft, wohlgemerkt bei einem Bruchteil des Gehalts! Pausenlos müssen sie von einem Termin zum anderen hetzen. Unermüdlich beackern sie den ganzen Tag verschiedene Orte. Morgens um sechs Uhr nehmen sie bereits Termine wahr und so zieht es sich hin bis spät in den Abend. Am Wochenende „dürfen" sie dann Events beiwohnen. Ich kenne sehr viele Manager mit einem Arbeitspensum, das normale Arbeitnehmer als unmenschlich empfinden würden. Aber sie kommen bei Weitem nicht an die Leistungskurve vieler unserer Politiker mit wenig Rücksicht auf ihre eigene Gesundheit und ihr Privatleben heran. Während der gesamten Dauerbelastung müssen sie dabei in der Öffentlichkeit immer freundlich und geduldig sein. Auf einer SPD-Party sah ich den damaligen Außenminister und heutigen Bundespräsidenten Frank Walter Steinmeier. Vor ihm stand eine lange Schlange von Personen wie bei einer Audienz beim Papst. War einer fertig, kam ohne Pause der nächste zum Smalltalk. Der arme Mann konnte keine Minute entspannen. Wie es ihm dennoch gelang, stets nett zu lächeln, ist mir schleierhaft.

Aufgrund ihres chronischen Zeitmangels müssen Politiker viele Entscheidungen schnell fällen. Hinzu kommen noch Abläufe im parlamentarischen Alltag, die wir Bürger nicht mitbekommen und die zusätzlichen Druck erzeugen. Zum Durchdenken und zur Reflexion ist schlicht und einfach keine Zeit vorhanden. Das führt häufig zu nicht optimalen Ergebnissen. Dabei stehen sie in der Öffentlichkeit und werden ständig beobachtet. Der kleinste Fehler wird sofort vom politischen Gegner und den Medien ausgeschlachtet. Die Gegner warten förmlich darauf. Nun gehören Fehler zu jedem Lernprozess. Wer Angst vor Fehlern hat, wird niemals lernen und auch keine großen Taten vollbringen können. Bei den Politikern kann schon ein einziger Fehler das Ende der Karriere bedeuten. All das verdrängen wir Nichtpolitiker nur zu gern.

Werfen wir beispielsweise einen Blick auf Berlins ehemaligen Regierenden Bürgermeister Klaus Wowereit. Es war „Wowi", der Berlin „sexy" gemacht hat. Der Boom Berlins fing mit ihm an. Das alles ist vergessen. Alle sprechen nur noch vom Flughafen BER. Ein einziger – zugegebenermaßen großer – Fehler machte nicht nur seine Wertschätzung dem Boden gleich, sondern führte gar zum Ende seiner Karriere. Sogar in den Geschichtsbüchern änderte sich seine Bedeutung. Man wird ihn nicht als großen Bürgermeister in Erinnerung behalten, der viel für Berlin getan hat, sondern als den Flughafen verkorksenden Dilettanten. Sein „Freundes"-Kreis dürfte auch wesentlich kleiner geworden sind.

Unsere Bundeskanzlerin Angela Merkel kennt das. Im Juli 2015 sagte sie in einer Talkshow einem niedlichen, mit seiner Familie aus Afghanistan geflüchteten Mädchen, Deutschland könne nicht alle Flüchtlinge der Welt aufnehmen. Das Mädchen weinte. Es folgte eine Medienwelle der Entrüstung: Kalt und ohne Mitgefühl sei die Bundeskanzlerin. Nur einen Monat später, auf dem Höhepunkt der Flüchtlingswelle, schloss sie eben nicht die Grenzen und jeder durfte einreisen. Die Reaktion? Ein sogenannter Shitstorm ohnegleichen. Ja, was denn nun?

Es ist schlicht unmöglich, es jedem recht zu machen. Tut ein Politiker etwas, das einer Gruppe gefällt, meldet sich sofort eine andere Gruppe, die das ablehnt. Befriedigt man letztere, protestiert sofort die erste. Spricht ein Politiker eine den Wählern unbequeme Wahrheit aus, wird er nicht gewählt. Bestes Beispiel war Oskar Lafontaine. Vor der Wiedervereinigung warnte er davor, die Probleme zu unterschätzen. Der Prozess würde viel mehr Geld und Energie kosten, als man vermute. Helmut Kohl dagegen wischte Einwände beiseite und versprach „blühende Landschaften". Wie die Wahl ausging, wissen wir. Was dann wirklich daraus wurde, ist ebenfalls bekannt. Viele Eigenschaften der Politiker, die Wähler stets rügen, werden von ihnen selbst provoziert und entwickelt.

Zuerst müssen Politiker also immer auf ihren Rücken achten. Die Feinde sind überall und warten nur auf die Stärkung ihrer eigenen Machtposition. Macht gehört zum politischen Beruf wie Geld zur Wirtschaft. Ohne Macht kann kein Politiker etwas aufbauen. Die Härte der Machtkämpfe beginnt bereits in der eigenen Partei. Die innerparteilichen Grabenkämpfe sind so unglaublich wie kontraproduktiv und gehen an die Substanz. Aber sie bringen für den einzelnen „Nestbeschmutzer" oft eine Schlagzeile. Dazu gesellen sich die politischen Gegner aus den anderen Parteien. Das kostet Kraft. Kommt von links ein objektiv guter Vorschlag, kann dem von rechts niemals zugestimmt werden. Umgekehrt gilt das Gleiche. Was zählt, ist die eigene Profilierung für möglichst viele Wählerstimmen. Dann kommen natürlich noch die Medien hinzu, die nur auf Fehltritte lauern, denn schließlich leben sie von Schlagzeilen, in der Regel eher von schlechten als von guten. Für Politiker gleicht das dem Marsch durch ein Minenfeld, während sie gleichzeitig am Mobiltelefon ständig auf Nachrichten reagieren müssen – ein falscher Schritt und es ist vorbei.

Ich möchte nicht den einseitigen Anschein erwecken, alle Politiker seien ausschließlich ehrenvolle Personen und die armen Opfer der Umstände ihres Jobs. Natürlich haben wir auch viele Politiker auf der anderen Seite des Spektrums. Ein Blick in deren Augen – und sofort werden Erinnerungen an meine Zeit in der Teppichbranche wach.

Gestatten Sie mir an dieser Stelle einige Sätze, die meine eigene Karriere betreffen: Dazu muss man wissen, dass der Handel mit Orientteppichen von Iranern beherrscht wird, die ihre Karriere meistens im Bazar von Teheran begannen. Der Bazar Teherans ist weltweit der größte seiner Art. Sie erfahren dort über die Abwicklung von Geschäften mehr als auf einer Universität. Die etablierten Händler nennt man Bazaris. Die Harvard University der Bazaris ist die Teppich-Sektion. Dort durfte ich vier Jahre lang arbeiten. In meinem Fall war mein Vater so großzügig, mir ein Wirtschaftsstudium an der teuren University of San Francisco zu finanzieren, wo ich einiges lernte. Im Teppich-Bazar von Teheran habe ich für viel weniger Geld mehr gelernt.

Man kann auf dem Teppich-Bazar nur Erfolg haben, wenn man alle Tricks der Übervorteilung kennt und sich dagegen wehren kann. Jeder hält sich selbst für schlauer als sein Gegenüber. Ehrlichkeit gilt als Dummheit. Es wird mit einer solchen Unverschämtheit gelogen, dass sich die Balken biegen. Tatsachen werden geleugnet, eigene Leistungen übertrieben und Schlechtes wird schöngeredet.

Einmal habe ich meinen geschäftstüchtigen Onkel auf dessen Geschäftsreise nach Baku in Aserbaidschan zur Besichtigung einer Teppichmanufaktur begleitet. Mein guter Freund Amadeo aus Hamburg hatte dort eine alte Karawanserei in ein Restaurant umgewandelt. Dort durfte ich auch einmal zufällig mit Peter Scholl-Latour einen Tee trinken und mir in seinem perfekten Französisch anhören, wie er noch immer nicht fassen konnte, dass Adolf Hitler bei dem Russlandfeldzug den Fehler von Napoleon wiederholt hat.

Amadeo stellte den Kontakt zu der Teppichmanufaktur her. Der Inhaber der Fabrik kam mit seinen beiden Topmanagern ins Restaurant. Wir verspeisten leckere persische Kebabs und tranken russischen Wodka dazu – übrigens eine vorzügliche Kombination. Mein Onkel betonte immer wieder, wie wichtig die Pünktlichkeit für das Geschäft sei. Er komme immer als Erster in die Firma und ginge abends als Letzter. Das fand ich merkwürdig, war er doch nie vor elf Uhr im Büro und spätestens um 15 Uhr wieder verschwunden. Er wollte am nächsten Morgen schon um acht Uhr zur Fabrik.

Obwohl ich frühes Aufstehen hasse, stand ich am nächsten Morgen pünktlich um acht Uhr in der Hotellobby. Der Inhaber und seine Manager warteten schon. Wer nicht erschien, war mein Onkel. Eine geschlagene Stunde mussten wir warten.

Um neun Uhr erschien er und wies sofort auf seine Uhr: „Sie sehen meine Herren, pünktlich um neun Uhr bin ich hier!" Nun sind die Aserbaidschaner sehr höfliche Menschen, aber in diesem Fall konnte man ihnen die Verärgerung deutlich im Gesicht ablesen. „Wir hatten uns doch für acht Uhr verabredet!", protestierte der Inhaber. Daraufhin atmete mein Onkel tief ein, stellte sich erhobenen Hauptes vor die drei Herren und hob seinen Zeigefinger: „Wir waren eindeutig für neun Uhr verabredet. Ich hatte es sogar notiert."

Das ist Politik! Mein Onkel wollte eine eiserne Arbeitsmoral demonstrieren, die dem Verkäufer signalisiert, dass er es mit einem Profi zu tun hat und keine hohen Preise verlangen kann. Nur konnte er seinen Worten nicht mit Taten folgen. Dieses Phänomen sehen wir ja auch häufig in der Politik. Eine Entschuldigung und ein Eingeständnis, dass man einen Fehler begangen oder etwas Versprochenes nicht eingehalten hat, kommen selten über die Lippen. Lieber werden Tatsachen einfach bestritten oder man redet sich heraus.

Die meisten Teppich-Bazaris vermeiden dementsprechend einen direkten Blick in die Augen, damit man hier nicht die Wahrheit lesen kann. Genauso halten es auch viele Politiker. Das Ego dieser Politiker ist größer als ihre Statur. Mit höchster Priorität verfolgen sie ihre persönlichen Ziele. Das Interesse der Bürger steht bei ihnen an letzter Stelle.

Hinzu kommt noch, nicht wirklich überraschend, die Scheinheiligkeit. Ich habe einen zuverlässigen Freund, der gleichzeitig mein Box-Trainer ist. Er berichtete mir von einem bekannten Politiker, der sich sehr für Ökologie einsetzt und Autos gänzlich abschaffen möchte. Selbst fährt er aber einen dicken Mercedes. Zu einer Veranstaltung in Kreuzberg wurde er in dem schicken Auto in die Nähe des Veranstaltungsortes gefahren und stieg dann auf ein Fahrrad um.

Zwischen diesen Extremen finden wir natürlich, wie üblich, viele Graustufen. Aber eines haben alle Politiker gemeinsam: Sie müssen sich in der Regel alle vier Jahre zur Wahl stellen. In vielen Fällen markiert eine Niederlage das Ende der Karriere oder einen großen Knick in der Verfolgung persönlicher Ziele. Stellen Sie sich nun vor, es gäbe in der freien Wirtschaft dieselben Umstände. Die Mitarbeiter der Firmen müssen ackern, ohne jemals gelobt oder honoriert zu werden. Überstunden sind Pflicht und werden nicht bezahlt. Gute Arbeit ist völlig selbstverständlich, normale Arbeit inakzeptabel. Ein Fehler bedeutet die fristlose Kündigung! Alle vier Jahre muss sich der Arbeitnehmer neu bewerben und kann seinen Job verlieren. Welch ein Stress! Daher sind Politiker natürlich in erster Linie darauf bedacht, nichts Falsches zu sagen und zu tun. Erst danach kommt der Wille, im Sinne der Wähler zu handeln. Das ist auch genau der Grund, warum man nie ein klares Ja oder Nein auf Fragen erhält, denn je weniger man tut, desto weniger Angriffsfläche bietet man.

Priorität Nummer eins bei Politikern ist demnach die Wiederwahl. Alles andere ist zweitrangig. Das ist verständlich, denn auch Politiker brauchen einen Arbeitsplatz, müssen sich selbst und ihre Familien ernähren. Hinzu kommt noch der Kick, der an den Schalthebeln der Macht offenbar einsetzt und ein Suchtpotenzial entfaltet.

Da der Wahlzyklus vier Jahre beträgt, ist langfristiges Denken nicht von Vorteil. Drückt der Politiker während seiner Amtszeit unpopuläre Maßnahmen durch, die erst in zehn bis zwanzig Jahren Früchte tragen werden, dann bekommen irgendwelche Politiker in der Zukunft die Anerkennung und der Initiator geht leer aus. Doch damit nicht genug: Wahrscheinlich wird die gute Person nicht einmal wiedergewählt. Wähler sind ungeduldig. Ein Bereich, bei dessen Lösung es eines solch langfristigen Horizontes bedarf, ist eben unser Thema: der Immobilienmarkt. Verspricht man Wählern die Schaffung von Wohnungen und somit die Lösung des Wohnungsproblems innerhalb von zehn Jahren, werden viele unzufrieden sein. Besser klingt es, wenn man verspricht, dass die Mieten durch eine Verschärfung der Mietpreisbremse ab sofort nicht mehr steigen würden. Vergessen wird dabei, dass vor genau vier Jahren das Gleiche gesagt wurde – ohne das erhoffte Ergebnis.

Gesetze zu ändern ist so kompliziert, dass darüber oft Jahre vergehen. Werden Missstände also erst einmal entdeckt, dauert es lange, bis der Gesetzgeber reagieren kann. Aufgrund der bereits aufgeführten Dynamiken, unter deren Einfluss Politiker agieren – oder eben nicht –, entfalten Lösungen auf diesem Wege kaum Wirkung.

Die Politik muss Kompromisse eingehen, um Änderungen überhaupt durchsetzen zu können. Wenn z. B. ein wirklich guter Vorschlag von einer Seite kommt, kann die Partei der anderen Seite unmöglich einverstanden sein, und umgekehrt. Das Phänomen lässt sich übrigens auch bei vielen Wählern der Parteien beobachten. Wenn jemand Anhänger einer politischen Partei ist, trifft er bereits die Vorentscheidung, dass die politischen Reden der Mitglieder anderer Parteien schlecht sind, bevor diese sie überhaupt gehalten haben. Anschließend sucht und findet er dann Argumente, warum diese schlecht waren (vgl. hierzu Mo Gawdat: *Happiness*).

Ich selbst erwische mich gelegentlich dabei, dass ich voreingenommen bin. Als Unternehmer konnte ich mir überhaupt nicht vorstellen, dass irgendetwas Sinnvolles vonseiten der Linken kommen könnte. Sobald Gregor Gysi irgendwo zu Wort kam, hörte ich sogleich weg – bis meine Schwester mich auf ein Interview auf YouTube hinwies. Zu meinem Erstaunen war das, was Gysi im Interview sagte, nämlich dass die deutsche Staatsbürgerschaft derart viele Vorteile bietet, dass jede/r Deutsche unabhängig vom Wohnort seine Steuern zahlen sollte, wie es übrigens auch die USA praktizieren – genial! Lustig ist Gysi auch noch, was erfrischend ist, wenn man die Scharen humorloser Politiker betrachtet.

Spekulanten können im Gegensatz zu den Politikern blitzschnell reagieren. So werden viele von Politikern mühsam durchgesetzte Maßnahmen binnen kürzester Zeit unterlaufen.

Für uns Bürger stellt die Politik heute einen Stressfaktor dar. Es ist eines der Grundbedürfnisse von Menschen Komplexität zu vermeiden. Früher war das geradezu überlebensnotwendig. Hundertausende Jahre lang war für den *Homo sapiens* die Welt sehr einfach und nahezu bipolar beschaffen: Gefahr oder Sicherheit, Kampf oder Flucht, Hunger oder Nahrung, Verausgabung oder Ruhe, Krankheit oder Sex, Leben oder Tod … Wir können diese Prägung, die uns bis vor 10.000 Jahren genetisch und durch eine kaum veränderte Umwelt in physischer und mentaler Hinsicht geformt hat, nicht ignorieren. Noch immer neigen wir zur Vereinfachung. Leider entwickelt sich unser Lebensumfeld genau in die andere Richtung. Alles wird stetig komplizierter. Ohne ein Jura-Studium ist die heutige Politik kaum noch zu verstehen. Die EU-Bürokratie hat das obendrein noch forciert. Gesetzesnovellen sind derart komplex und langwierig, dass Verbesserungen, wenn überhaupt, dann oft nur zeitversetzt erkennbar werden. Die Gegner der Veränderungen sind mächtig und werden alles daran setzen, sie zu verwässern oder ganz zu verhindern.

Nun ist es ja nicht so, dass Politiker etwa weniger intelligent sind als Geschäftsleute. Fast alle Menschen nehmen an, geschäftlicher Erfolg hänge zwingend mit hoher Intelligenz zusammen. Dem ist aber nicht so. Niemand würde ernsthaft bezweifeln, dass Albert Einstein wesentlich intelligenter war als der Milliardär Donald Trump es ist.

Ich selbst habe in meiner Familie zwei Onkel. Der eine ist intelligenter, gebildet, schüchtern und ganz lieb. Er philosophiert viel, lässt keine Party aus und balanciert stets am Rand zur Pleite, weil er mit Geld nicht umgehen kann – aber: Alle mögen ihn. Der andere ist nicht ganz so intelligent, jedoch sehr bauernschlau und verhandelt knallhart. Scham kennt er nicht. Er kann gut rechnen und hat einen Instinkt für Gelegenheiten zum Geldverdienen. Sein Ziel der Vermögensschaffung verfolgt er konzentriert. Eisern hat er sein Leben lang gearbeitet und gespart. So hat er sich von null zum Multimillionär hochgearbeitet. Zum geschäftlichen Erfolg gehört also nicht nur Intelligenz, sondern es gehören auch gewisse Charaktereigenschaften dazu, die nicht jeder hat und nicht jeder haben sollte. Unsere Welt ist nicht vorstellbar, wenn sie nur noch aus Geschäftsleuten bestehen würde.

Der Kampf zwischen der Politik und den Spekulanten ist also ungleich und seitens der Politik nicht zu gewinnen. Auf der einen Seite gibt es politisch denkende Menschen, die durch ihre Position in ihrer Handlungsweise eingeschränkt sind und die Änderungen nur in langwierigen Prozeduren bei etlichen Hindernissen durchsetzen können. Auf der anderen Seite gibt es gewiefte Geschäftsleute, die in anderen Bahnen denken und blitzschnell reagieren. Hinzu kommt noch, dass die Spekulanten eine Armee von hochqualifizierten Beratern unterhalten (Steuerberater, Anwälte, Lobbyisten), die ihnen für viel Geld mit Rat und Tat zuarbeiten. Auf der Gegenseite stehen Beamte, die für viel weniger Geld das Gleiche leisten sollen. Sollten diese mal auf die Idee kommen, ebenfalls teure Berater einzustellen, folgt sofort der gefürchtete Shitstorm, da hierfür Steuergelder verwendet werden.

Politik allein wird uns keinen bezahlbaren Wohnraum schaffen. Es wird weiter geredet, geredet und geredet, zwischen den Parteien gestritten und diskutiert. Lösungsvorschläge gehen in verschiedene Richtungen, und es kommt zu keiner Einigung, weil nicht problemorientiert, d. h. überparteilich gearbeitet wird. Die Parteipolitik ist wichtiger als das Interesse der Bürger.

Viele Politiker haben erkannt, dass jetzt das Wohnungsproblem bei den Bürgern höchste Priorität hat. Wie bei akut brennenden Themen üblich, nehmen sie ihre Chancen zur Profilierung gegenüber der Konkurrenz wahr, als eine weitere Möglichkeit, mehr Wählerstimmen auf sich zu vereinen. Das ist deren Hauptziel, nicht etwa die Schaffung von bezahlbarem Wohnraum. Unsere Mieten werden ungehindert weiter steigen.

Mein Vorschlag lautet: Wir müssen auf jeden Fall einen anderen Weg gehen. Zweifellos werden auch auf diesem Weg Hindernisse auftauchen. Es werden sich Interessengruppen gegen Änderungen wehren. Ein Heer von Lobbyisten und Interessenvertretern wird alle Kanäle der Einflussnahme bespielen: Politik und Öffentlichkeit werden einseitig, im Sinne der Auftraggeber, falsch informiert. Ihre Methoden werden wir daher im folgenden Kapitel genauer betrachten und anschließend die Arbeit der Medien untersuchen.

Kapitel 9
Wie funktioniert Lobbyismus?

Der Lobbyismus ist der kleine Bruder der Korruption.   *Reinhard Fondermann*

Bevor wir uns den Maßnahmen zur Bekämpfung der Wohnungsnot widmen, wollen wir genauer untersuchen, warum viele sinnvolle Gesetzesänderungen nicht durchgesetzt werden. Dies gilt nicht nur für den Bereich der Immobilien. Es ist ein generelles Problem.

Die hohen an Politiker gestellten Erwartungen sind ein Grund für viele Bürger, nicht in die Politik zu gehen. Denn sie müssen in vielen Bereichen gleichzeitig Experten sein, um sich hier vor der Bevölkerung richtig positionieren zu können, z. B. in Steuerrecht, Gesundheitswesen, Verkehrspolitik, Sozialkunde, Dieseltechnologie und natürlich auch in der Immobilienwirtschaft. Das schafft kein Mensch.

Genauso wie Sie, liebe Leserinnen und Leser, sind Politiker folglich auf Experten angewiesen, die über umfangreiches Fachwissen in den einzelnen Bereichen verfügen und die Politiker hier beraten. Wir eilen ja mit juristischen Fragestellungen z. B. auch zum Rechtsanwalt und zum Steuerberater, wenn wir Steuern sparen wollen. Ohne Experten kann Politik nicht funktionieren – und genau hier beginnt das Problem.

Experten sind mit Vorsicht zu genießen. Schließlich haben Experten auch die Titanic entworfen. Den Ausgang der Geschichte kennen wir. Nahezu bei jedem Thema streiten sich Experten untereinander. Die Meinungen und Herleitungen gehen teilweise so weit auseinander, dass Beobachter völlig durcheinander kommen.

So ist es doch verblüffend, dass, sobald eine Studie veröffentlicht wird, die z. B. übermäßigen Zuckerkonsum als Ursache für Übergewicht und Herz-Kreislauf-Erkrankungen ausweist, kurz darauf mysteriöserweise andere Studien namhafter Forscher erscheinen, die genau das Gegenteil beweisen bzw. den Mangel an Bewegung als Ursache der klar ersichtlichen Probleme hinstellen. Recherchiert man nun, stellt man Erstaunliches fest: Der Forscher, der den Zusammenhang von überhöhtem Zuckerkonsum und Gesundheitsproblemen geleugnet und eine andere Ursache wissenschaftlich bewiesen hat, hatte einen lukrativen Arbeitsvertrag mit dem Sponsor der Studie, einem namhaften Getränkehersteller für die Zeit nach seiner Arbeit an einer renommierten Universität. Er konnte also nach seiner wissenschaftlichen Arbeit dort bis zu seiner Rente ein finanziell sehr entspanntes Leben genießen. Wer kann da schon Nein sagen?

Meine Erfahrung ist: Vor den Urteilen von Expertengruppen, Sachverständigengutachten und insbesondere vor Studien sollte stets gewarnt werden! Für genügend Geld beweisen Ihnen teilweise sogar namhafte Experten fast jede Aussage als schlüssig und zutreffend. Wenn es sein soll, wird aus schwarz also weiß. Erinnern Sie sich nur an die Diskussionen über die Schädlichkeit des Rauchens: Nicht wenige Mediziner haben tatsächlich behauptet, dass Rauchen der Gesundheit nicht schadet. Auch hier sind aber die unseriösen Experten eine Minderheit, die allerdings mehr ins Auge sticht. Die Mehrheit der Fachleute achtet auf ihren Ruf und verweigert Gefälligkeitsgutachten. Von ihnen hört man dementsprechend weniger.

Es hilft uns auch nicht weiter, ungeprüft Statistiken als Fakten hinzunehmen. Wie Mark Twain übertrieben sagte, gibt es Lügner, große Lügner und Statistiker. Das wäre aber zu einfach, denn um Zahlen je nach eigenem Interesse darzustellen, muss man nicht einmal lügen.

In Nassim Talebs exzellentem Buch *Der schwarze Schwan* wird beschrieben, wie unterschiedlich die Auswirkungen einzelner Personen auf eine Gesamtstatistik sein können. Wenn bei einhundert Menschen die Durchschnittsgröße bei 1,70 m liegt und man dann den gegenwärtig größten Menschen der Welt mit 2,30 m hinzuaddiert, erhöht sich die durchschnittliche Größe auf nur 1,7059 m, also nur knapp 0,6 m.

Setzt man aber im vergleichbaren Fall einhundert Menschen mit einem durchschnittlichen Vermögen von 10.000 € an und fügt nun den reichsten Mann der Welt hinzu (zur Zeit Jeff Bezos mit einem geschätzten Vermögen von 80 Mrd. €), vergrößert sich das Durchschnittseinkommen von 10.000 € auf **792 Mio. €**. Noch einfacher ist die bekannte Rechnung des Durchschnittseinkommens zweier Personen, von denen der eine nichts und der andere eine Million hat. Im Durchschnitt verdient jeder 500.000 €.

Also gilt äußerste Vorsicht, wenn sich die einzelnen Experten auf Zahlen berufen, um ihre Argumentationen zu untermauern. Und nun zum Thema Lobbyismus. Er funktioniert – kurz umrissen – wie folgt:

1. Politiker müssen über ein Thema entscheiden. Sie beauftragen Experten, da sie selbst nicht über genügend Fachkenntnisse verfügen. Nach Auswertung der Expertise sollen sie eine Entscheidung zwischen den Möglichkeiten A, B oder C treffen.
2. Die Wirtschaft wünscht sich Lösung B. Die betroffenen Unternehmen bilden eine Interessengruppe und beauftragen Lobby-Profis, um B durchzusetzen. Lobbyisten sind häufig ehemalige Politiker, die bestens vernetzt sind und überzeugend argumentieren können.

3. Die Lobbyisten beeinflussen Experten und Politiker parallel in direkten Gesprächen. Sie üben per Öffentlichkeitsarbeit und PR-Kampagnen zusätzlichen Druck aus, um genau Lösung B durchzusetzen.
4. Die Experten übergeben ihre Empfehlung von B an die Politik. Die vorgeschlagenen Gesetzesvorlagen hierzu sind teilweise sogar von den Lobbyisten selbst vorformuliert. Die Bürger, beeinflusst durch Werbung und PR, sind von Sinn und Zweck der Lösung B inzwischen überzeugt, ohne deren Konsequenzen verstanden zu haben.

Dieser gezielte Lobbyismus findet natürlich auch im Bereich der Immobilienwirtschaft statt. Anhand der sogenannten „energetischen Maßnahmen" – einer der schlimmsten Kostentreiber für Neubau *und* Sanierung – lässt sich exemplarisch zeigen, wie perfekter Lobbyismus funktioniert.

Das geht so: Als Teil der energetischen Maßnahmen werden seit Jahren Außenwände von Gebäuden mit Dämmstoffen aus Styropor versehen, was für die Anbieter dieser Dämmstoffe natürlich ein Riesengeschäft bedeutet. Im Jahr 2014 bestand die Gefahr einer Abschaffung des Gesetzes. Die führenden Anbieter dieser Gruppe, Unternehmen wie Baumit und Sto, bündelten ihre Interessen im Verein Qualitätsgedämmt e. V. Unter dem Dach „Gesamtverband Dämmstoffindustrie" schlossen sich u. a. die Deutschen Amphibolin-Werke, das Forschungsinstitut für Wärmeforschung e. V. in München und die Gesellschaft für Rationelle Energieverwendung an. Achten Sie bitte auf einige der wohlklingenden Markennamen. So geht perfektes Marketing!

Natürlich dürfen PR und Werbung bei dieser konzertierten Aktion nicht fehlen. Eine professionelle PR-Agentur wurde mit der Kampagne beauftragt, Anzeigen wurden geschaltet. In diesem Fall war das Gesicht der Anzeigen kein geringeres, als das des seriös Vertrauen erweckenden Ulrich Wickert, einst Anchorman der ARD-Tagesthemen. Zur Krönung übernahm ausgerechnet eine Politikerin von Bündnis 90/Die Grünen, Marianne Tritz, die Geschäftsführung des „Gesamtverbandes Dämmstoffindustrie".

Der Verband nahm nun die Lobbyarbeit auf und übte massiv Einfluss auf die Gesetzgeber aus. Außenfassaden, die bis dahin über hundert Jahre problemlos gehalten haben, sollten weiterhin mit teuren Dämmstoffen verklebt werden. Positive Aspekte und der angebliche Nutzen wurden völlig übertrieben und die Nachteile verheimlicht (mehr dazu später). Alle 15 bis 20 Jahre müssen diese Dämmstoffe teuer ersetzt werden. Überdies sind sie Sondermüll! Solch ein Geschäftsmodell könnte für seine Nutznießer kaum perfekter sein. Das Resultat: Wir befinden uns jetzt im Jahr 2019 und es ist noch immer nichts passiert. Weiterhin wird mit Styropor gedämmt und die Mieter müssen weiter dafür zahlen. Weitere Ausführungen sind unnötig.[12]

Bevor sich nun die anderen Parteien freuen und auf die Grünen und Frau Tritz zeigen: Friedrich Merz, CDU, ist Aufsichtsratschef von BlackRock. Diese Investment-Gesellschaft ist Miteigentümer von Vonovia (8,62 %), einer der größten Wohnungsbaugesellschaften Deutschlands und einer der gefräßigsten Miethaie der Branche. Vonovia ist ein Musterbeispiel dafür, wie eine Firma die Mieten hochtreibt, um die Rendite zu erhöhen. Im Übrigen: Auch bei der SPD und den anderen Parteien brauchen Sie nach solchen Biografien nicht lange zu suchen.

Somit nehmen mächtige Interessengruppen Einfluss auf unsere Gesetze. Es gibt bei den steigenden Immobilienpreisen und Mieten lachende Gewinner. Diese investieren viel Geld in Lobbyisten. „Ehrliche Politiker" mit Durchblick haben da schlechte Karten, notwendige Maßnahmen schnell durchzusetzen.

---

[12] https://www.welt.de/finanzen/immobilien/article114866146/Die-grosse-Luege-von-der-Waermedaemmung

Das Problem mit den Lobbyisten ist nicht einfach zu lösen. Zunächst gilt es, in Ruhe herauszufinden, wer gewisse Kampagnen vor welchem Hintergrund unterstützt. Das beste Beispiel finden wir aktuell im hysterisch geführten Dieselskandal. Hier wurden die Fakten einfach außer Acht gelassen. Ich will auf gar keinen Fall entschuldigen, dass deutsche Autobauer manipuliert haben. Ich bin vehement dafür, dies zu bestrafen. Jedoch darf keine Hexenjagd daraus entstehen. Kaum öffentlich erwähnt wurde nämlich, wie die Messungen manipuliert wurden. Wenn Sie z. B. die Feuchtigkeit ihres Körpers messen, kommen völlig verschiedene Werte heraus, je nachdem, ob Sie den Sensor auf Ihre Zunge legen oder unter Ihre Füße. Zieht man außerdem in Betracht, dass nur wenige Kreuzfahrtschiffe mehr Schadstoffe ausstoßen als Millionen Diesel-Pkw, die es auf der Welt gibt, so versteht man nicht, warum ausgerechnet deren Motoren angeprangert werden und die anderen mit Schwer- und Dieselöl betriebenen nicht.

Hierzu taugen vielleicht folgende Erklärungen: Die deutsche Automobilindustrie ist in der Dieseltechnologie führend und uneinholbar. Sie war auch in den USA auf dem Vormarsch. US-Hersteller konnten da nicht mithalten. Auch hat VW vor wenigen Jahren den japanischen Hersteller Toyota als größten Automobilhersteller der Welt überholt, weil Toyota bereits früh auf Hybridtechnologie gesetzt hat. Dieselmotoren spielen hier fast keine Rolle, erfreuen sich aber weltweit bei den Käufern höchster Beliebtheit.

Die treibende Kraft hinter den Klagen gegen die deutsche Automobilindustrie ist die „Deutsche Umwelthilfe e. V." (DUH). Wieder begegnet uns ein positiv klingender Name. Dieser Verein lebt von Spenden, die u. a. von der Stiftung „Climate Works Foundation" aus den USA stammen. Ein großer Sponsor war ausgerechnet Toyota! Erst als das herauskam, stoppte Toyota den Geldfluss.[13]

Im Prinzip funktioniert das in gleicher Art und Weise bei Immobilien: Notwendige Maßnahmen werden blockiert oder verwässert und kostentreibende durchgesetzt. Die Interessengruppen mit ihren Lobbyisten bleiben im Hintergrund.

Primär erweist sich die Herstellung von Transparenz bereits als hilfreich, um bestimmte Verflechtungen von Interessen und ihre spezifische Dynamik ans Licht der Öffentlichkeit zu bringen. Wüssten wir genau, wer die Lobbyisten sind, wer sie bezahlt und auf welche Politiker und Beamte sie Einfluss nehmen, kämen wir noch einen Schritt weiter. Zumindest wird dadurch schneller deutlich, warum sich an unserer Mietkrise noch nichts verbessert hat.[14]

Ein Wort zum Thema Umweltschutz: Es mag den Anschein erwecken, ich nähme den Schutz unserer Umwelt nicht ernst – nichts läge mir ferner. Wer sich aber wirklich für Umweltschutz einsetzen und nicht nur sein Gewissen beruhigen möchte, muss ihn als globale Aufgabe betrachten. Sie können Luft nicht in deutsche, indische oder chinesische Luft aufteilen. Es gibt nur eine Erdatmosphäre. Auch können wir die Meere nicht trennen. Der in Asien täglich tonnenweise in Flüsse und Meere geworfene Plastikmüll landet in Mikrospuren auch vor und an

---

[13] Es ist nahezu skandalös, dass die DUH durch ihre juristischen Aktivitäten auch noch Geld verdient. Der Verein hat nämlich das Sonderrecht, jeden abzumahnen, den er als einen Schädling der Umwelt sieht, und dafür zu kassieren. Das heißt, dass die DUH massiv an den Klagen, die sie betreibt, verdient. So versteht man die Motivation des Vereins noch besser.

[14] Lobbypedia, Lobbycontrol und Lobbycloud sind gute Ansätze. Es ist zu überlegen, wie diese Organisationen zu unterstützen sind.

unseren Küsten. Der Strohhalm-Verbrauch in Deutschland ist dagegen unerheblich.

In Deutschland leben nur rund 80 Mio. Menschen von über 7,4 Mrd. weltweit, also etwas über 1 % der Weltbevölkerung. Deutschland hat eine Fläche von 357.600 km^2, die Welt ohne die Meere knapp 150.000.000 km^2. Somit bewohnen die Deutschen 0,24 % des Festlandes der Erde. Das Verhalten von 99 % der Menschheit auf fast 99,8 % der Erdoberfläche wirkt sich weit mehr auf die Umwelt aus, als das der Menschen in unserem Land. Keines der über sechzig von mir bereisten Länder übertrifft Deutschland im Umweltschutz. Hier können wir nur noch marginale Verbesserungen durchführen. In den armen Ländern können wir dagegen enorm viel verbessern – mehr noch: wir müssen es! Indem wir unsere Technologie verkaufen, fördern wir sogar unsere Wirtschaft.

Bertolt Brecht verdanken wir die fundamentale und prägnante Einsicht: „Erst kommt das Fressen, dann kommt die Moral." Mit vollem Bauch lässt sich Umweltschutz gut predigen. Einen Hungernden wird es verständlicherweise nicht die Bohne interessieren. Er pfeift auf die Umwelt. Ein armer Mensch hat ganz andere Sorgen als Klimaschutz und Ökologie. Hungernde und arme Menschen bilden leider die Mehrheit auf der Erde. Die beste Klimaschutzmaßnahme ist also die Abschaffung von Hunger und Armut. Das gilt auch für die relative Armut in Deutschland. In Zwickau hat die Partei, die sich als größter Verteidiger der Umwelt darstellt, nur 2,9 % der Stimmen bei den letzten Wahlen erhalten. In Stuttgart waren es 17,6 %. Man muss kein Meinungsforscher sein, um zu erkennen, worin die Ursachen dafür bestehen. Bei einem Spaziergang durch Stuttgart, riecht man förmlich das Geld. In Zwickau herrscht dagegen bittere Armut, die darüber hinaus auch zu Extremismus führt. Die AFD hat in Zwickau 24,2 % und in Stuttgart 8,8 % der Stimmen erhalten. Mit Sicherheit sind die Zwickauer nicht dümmer als die Stuttgarter. Sie haben berechtigte Sorgen, fühlen sich allein gelassen und ignoriert. Die Abschaffung der Armut ist also das Beste, was wir für unsere Umwelt tun können, und hat den Nebeneffekt, dass der Extremismus abnimmt. Das ist allerdings immens schwerer und wesentlich mühsamer als einfach immer strengere Forderungen in Deutschland zu stellen, wie z. B. weitere Verschärfungen der energetischen Vorschriften, die Abschaffung von Strohhalmen usw.

Was den Lobbyismus betrifft, ist in jedem Fall aber eines sehr wichtig: Ihre Stimmen, liebe Leserinnen und Leser, und die Stimmen Ihrer Verwandten, Freunde und Bekannten. Wenn wir uns lautstark bei den von der Lobby beeinflussten Politikerinnen und Politikern melden, wenn wir sie mit dem Stimmzettel bei den nächsten Wahlen abstrafen, indem wir die wählen, die sich nachweislich nicht von Lobbyisten beeinflussen lassen, dann dreht sich der Wind.

Wenn Bürger sich zusammentun, stehen Millionen von Menschen ein paar Hundert Lobbyisten gegenüber. Die Lobbyisten hätten keine Chance. Das Schicksal liegt in unseren Händen – und es steckt in unseren Füßen, die uns zur Wahlurne tragen …

Kapitel 10
Die Rolle der Medien?

Medien, die den Skandalerwartungen nicht nach-
kommen, gehen unspektakulär ein.

Manfred Hinrich

In der heutigen Politik spielen die Medien eine große Rolle. Ihr Einfluss auf die Geschehnisse ist nicht zu unterschätzen. Daher müssen wir uns ihre Mechanismen vor Augen führen.

Unsere Medienlandschaft ist bunt. Sie besteht nicht mehr nur aus TV, Rundfunk und Zeitungen, sondern auch aus dem Internet, einschließlich der sozialen Medien. Es sind – wieder einmal – Menschen, die diese Medien bespielen, wenn auch im Bereich des Internets langsam aber stetig Algorithmen die Aufgaben der Menschen übernehmen.

Nachrichten und Reportagen verfassten früher gut ausgebildete und gut bezahlte Journalisten. Die meisten von ihnen pflegten ein gewisses Berufsethos, die besten verband sogar ein gemeinsamer Ehrenkodex. Ihre Büros waren weltweit verteilt. So konnten sie sich direkt vor Ort ein Bild der Geschehnisse machen. Es gab wenig Konkurrenz. Vor vierzig Jahren gab es in Deutschland nur wenige Fernseh- und eine Handvoll Radiosender, ein paar Tageszeitungen mehr, aber wesentlich weniger Zeitschriften und Magazine – und natürlich kein Internet.

Heute werden wir von allen Seiten mit Nachrichten bombardiert. Das Internet hat alles verändert. Die Menschen möchten für ihre Informationen, die sie immer mehr dem Internet entnehmen, nichts mehr bezahlen. Die Auflagen der Printmedien gehen konstant zurück, mit der Folge von Massenentlassungen. Etliche Journalisten verloren bereits ihren Job oder müssen sich mit wesentlich weniger Einkommen zufriedengeben. Der Konkurrenzdruck ist enorm. Journalisten müssen schneller und mehr liefern und sollen weniger kosten. Dass darunter die Qualität leidet, ist klar. Häufig wird gar nicht mehr geprüft oder recherchiert, sondern man übernimmt wesentlich mehr als früher. Meist sind dies die Nachrichten der wenigen Nachrichtenagenturen oder die Ausführungen der Pressesprecher von Verbänden und Konzernen. Achten Sie doch einmal genau darauf. Sie werden feststellen, dass viele Nachrichten in den verschiedenen Medien nahezu identisch verbreitet werden.

Dieser Effekt wird dadurch verstärkt, dass Verlage aus wirtschaftlichen Gründen fusionieren oder große Verlage kleinere kaufen, wodurch eine Marktkonzentration erfolgt. Die Mehrheit der Leser bekommt das nicht mit. Hinter den in der Öffentlichkeit unterschiedlich auftretenden Medien stecken sehr oft dieselben Redaktionen.

Die Qualität eines Beitrags und somit der Arbeit eines Journalisten wird heute durch Klicks und Reichweite bestimmt. Dies drängt die Journalisten zur Effekthascherei. In uns Menschen stecken noch viele Instinkte. Einer davon ist der Drang, die Dinge bipolar zu sortieren, zumeist in Gut und Böse: Bösewichte gegen Helden, Demokraten gegen Rechtsextreme, bei der Fußball-WM Frankreich gegen Deutschland, Immobilienunternehmer gegen Mieter usw. Im Extremfall schreiben Journalisten entweder über Arme oder über Milliardäre. Die große Mitte ist für die Leser offenbar uninteressant.[15]

---

[15] Hans Rosling – Factfulness

Bei welcher Schlagzeile würden Sie eher hinsehen und weiterlesen wollen:

oder

Schlechte Nachrichten geben uns einen Adrenalinstoß. Tod, Terror, Zerstörung, Krankheit, Elend und Massenentlassungen erwecken Interesse. Gute Nachrichten langweilen eher. (In unserem Beispiel werden sich allerdings einige darüber streiten, ob das Ableben von Donald Trump eine schlechte Nachricht ist.) Die Medien befeuern unsere Ängste, um konsumiert zu werden. Nur so gewinnen sie viele Leser. Schreibt ein Journalist so, dass es keinen interessiert, kann ihn das den Job kosten. So entsteht ein Wettrennen unter den Journalisten um die Aufmerksamkeit der Leser – und das ist den Verlagen gar nicht so unrecht ...

Dadurch kommt es zu maßlosen Übertreibungen. Die Medien picken die Extrembeispiele heraus und skandalisieren diese. Das wiederum tun sie nicht aus Bösartigkeit. Sie geben den

Lesern lediglich das, was sie unbewusst haben wollen. Wenn man ein Experiment wagen und einen Tag lang nur positive Nachrichten senden würde, wäre das Ergebnis ein Absturz der Quoten. Das Fazit lautet: Gute Nachrichten werden nicht gern gelesen. Schlechte Nachrichten und Sensationen erhöhen die Auflagenzahl.

So gelingt es auch politischen Aktivisten und Lobbyisten, jede kleine Maßnahme, die sie nicht mögen, als das Ende der Welt erscheinen zu lassen. Ein Hinweis auf zu viel Zucker in Nahrungsmitteln ist die angebliche Entmündigung der Konsumenten. Ein temporärer Mietenstopp bringt DDR-Verhältnisse zurück. Die Medien breiten solche Horrorszenarien oft aus, weil sie Empörung schüren, gern gelesen werden und somit eine hohe Reichweite erreichen wollen. Dementsprechend sind nicht die Medien allein schuld an der Misere, sondern vor allem auch unsere Lust an Sensationen und schlechten Nachrichten. Dies führt dazu, dass sich auch hochintelligente und eloquente Journalisten teilweise diesem Druck beugen. Es gab z. B. ein gemeinsames Radiointerview mit mir und der damaligen Bezirksbürgermeisterin von Neukölln, Dr. Franziska Giffey, der heutigen Familienministerin. Dabei erfolgte von Seiten des Interviewers völlig unerwartet ein verbaler Angriff auf die Bürgermeisterin, die ja nun nachweislich zu den positiven Beispielen unter den Politikern zählt. Nach der Sendung entschuldigte sich der Reporter höflich, es sei nun einmal das, was die Zuhörer erwarten.

Wenn wir uns einmal die Mühe machen, die Schlagzeilen zu untersuchen, die einem überall fast identisch entgegenprangen, erleben wir faustdicke Überraschungen: Der zitierte Terrorismus-Experte eines seriös klingenden Instituts in Washington arbeitet für eine starke Lobby. Der Mediziner, der den Zusammenhang von Zucker und Gewichtszunahme widerlegt, wird von einem Getränkehersteller gesponsert. Die Aussage, dass ein Mietenstopp zu DDR-Zuständen führen würde, stammt von Vertretern der Immobilienbranche.

Die Medien werden heute also durch verschiedene Zwänge beeinflusst:

- Von Journalisten wird erwartet, so zu berichten, dass möglichst viel Reichweite erlangt wird. Manchmal verdrehen sie dann Wahrheiten bzw. betonen nur einen Aspekt.
- Auch Chefredakteure wählen aus gleichem Grunde selektiv aus und fingieren die Berichterstattung somit einseitig und unvollständig.
- Die Medien werden davon beeinflusst, dass heute praktisch jeder – und nicht nur gut ausgebildete Journalisten – Informationen veröffentlichen kann.
- Und all diese Dinge werden gezielt von Lobbyisten genutzt, um effekthascherisch Experten-Meinungen zu verbreiten, die ihren Zielen entgegenkommen.

Die Medien haben noch immer eine nicht zu unterschätzende Macht. Wie wir im Kapitel „Politiker gegen Spekulanten" gesehen haben, sind mediale Präsenz und positive Berichterstattung auch für unsere heutigen Politiker sehr wichtig. Gewählt wird nicht nur deren Kompetenz, sondern auch das Image. Dieses Image wird stark durch die Art und Weise der Medienberichterstattung geprägt. Für die Politik sind die Medien daher immens wichtig. Sie sind bei den Politikern gefürchtet und werden daher entsprechend hofiert.

Die Medien spielen somit bei fast allen politischen Entscheidungen eine wichtige Rolle. Soll es uns gelingen, notwendige Maßnahmen für bezahlbaren Wohnraum bei der Politik durchzudrücken, benötigen wir die Unterstützung der Medien. Mit deren Hilfe müssen wir aufdecken, was Politiker häufig ausblenden, die Missstände ans Licht bringen, die sich den Scheinwerfern notorisch entziehen, die Politiker an den Pranger stellen, die eher den Wünschen der Lobbyisten folgen oder

primär die Interessen ihrer Partei im Sinn haben. Nur so können wir mit Hilfe der Medien Druck auf die Politik ausüben,
überparteilich das Interesse der Bürger zu wahren.

IV.
Was könnte die Politik tun und was tut sie bereits?

Kapitel 11
Dalli, dalli – Dampf raus!

Reden ist Silber, machen ist Gold.　　　K. Oud

Sofortmaßnahmen

Große Probleme löst man nicht mit nur einer Maßnahme. Vielmehr ist eine Kette an Umsetzungen erforderlich. Dabei kommen kurzfristige und langfristige Mittel zum Zuge. Wie bei einem schweren Unfall gilt es, zuerst das Verbluten des Patienten zu verhindern, dann kann die Operation beginnen.

In diesem Kapitel beschreibe ich die Sofortmaßnahmen und an welcher Stelle es eilt, um eine Wende im Immobilienmarkt herbeiführen zu können.

I. Kurzfristige Maßnahmen

Zuerst müssen wir den Menschen die Angst vor den stetig steigenden Mieten nehmen. Wie das gehen soll? Indem wir eben direkt diese unaufhörlich steigenden Mieten stoppen! Hierzu empfehle ich folgende Sofortmaßnahmen, mit denen die Politik einiges bewegen könnte:

1. Ein Moratorium (Einfrieren) der Mieten für kurze Zeit

Das Problem ist: Ursachenbekämpfung erfordert Zeit. Währenddessen dürfen die Mieten bis auf den Inflationsausgleich von derzeit ca. 1,5 % p.a. nicht weiter steigen. Eine Mietenpause in Berlin, in der die Mieten für wenige Jahre nicht erhöht werden dürfen, wird den gefürchteten Kommunismus nicht nach sich ziehen, da bin ich mir sicher. Machen Sie sich auch keine Sorgen um die armen Immobilienbesitzer. Keiner in deren Reihen wird pleitegehen, weil die Mieten kurzzeitig eingefroren werden. Die Angst der Menschen wäre aber sofort gemindert.

Es muss verhindert werden, dass diese Maßnahme umgangen wird, so wie es bei der Mietpreisbremse geschieht.

2. Pause bei der Umwandlung von Mietshäusern in Eigentumswohnungen

Besitzer von Mietshäusern sollten ihre Mietwohnungen für einige Jahre nicht in Eigentumswohnungen umwandeln dürfen. Auch hier besteht kein Anlass zur Sorge: Nach wenigen Jahren kann es wie zuvor weitergehen. Bis dahin dürfen die Besitzer von Mietshäusern einfach weiter wie bisher an der Miete verdienen. Wer Eigentumswohnungen verkaufen will, soll die Bauten dafür in dieser Phase jedoch bitteschön neu errichten, anstatt bereits vorhandenen günstigen Wohnraum einfach umzuwandeln.

Diese beiden Maßnahmen sollen lediglich eine kurze Verschnaufpause schaffen und das Signal setzen, dass in der Sache endlich etwas geschieht. Sie sollten für maximal vier bis fünf Jahre gelten.

3. Zweckentfremdung bekämpfen

Etliche Wohnungen und Häuser stehen leer. Die Inhaber möchten nicht vermieten und warten auf die Gewinnsteigerungen. Es gibt Gesetze dagegen, aber sie werden nicht befolgt. Damit muss Schluss sein!

4. Modernisierungsmaßnahmen reformieren

Im Kapitel „Kann man teuer bauen und günstig vermieten?" habe ich den Wahnsinn der Gesetzgebung aufgezeigt, der zur Spekulation geradezu auffordert und sie direkt fördert. Diese Modernisierungsmaßnahmen werden fast ausschließlich dazu benutzt, die Mieten hochzutreiben und nicht etwa um die Umwelt zu schützen. Die Kosten einer Modernisierung dürfen nicht dazu führen, dass die Mieten für immer steigen; sie müssen befristet sein!

5. Mieterschutz für das Kleingewerbe

Genauso wie die Mieter von Wohnraum müssen wir auch die in kleinen Gewerbeeinheiten niedergelassenen Handwerker, Gastronomen, Händler und Dienstleister schützen. Es müssen Gesetze erlassen werden, die klar definieren, was ein Kleingewerbe ist und dann Kündigungen von Verträgen oder willkürliche Mieterhöhungen regeln.

II. Spekulation verhindern

An erster Stelle steht die Verhinderung von Spekulation mit Immobilien. Hierfür muss das Geschäft für die Spekulanten unattraktiver werden, indem Besitzverhältnisse offengelegt und steuerliche Vorteile von Immobilienprofiten beseitigt werden müssen. Ich zitiere den US-Amerikaner Mathew Desmond, der Jahre seines Lebens freiwillig in US-Slums verbracht hat, um das Leben der Ärmsten der Armen zu untersuchen:

„Wenn wir das Recht von Menschen auf Wohnraum anerkennen, dann müssen wir ein anderes Recht hinterfragen: Das Recht, so viel wie möglich mit Immobilien zu verdienen – und maßlos vom Leid anderer zu profitieren. Das Verhältnis muss ausgewogen sein, die Menschen müssen vor Profitgier geschützt werden. Dieses wird unsere freie Marktwirtschaft nicht zerstören, sondern schützen. Gesetze gegen Kinderarbeit, Mindestlohn, Arbeitsschutzvorschriften und andere Schutzmechanismen sind immer dann entstanden, wenn wir das Wohlergehen der Menschen über das Geld gestellt haben."

Im Detail wären folgende Maßnahmen die richtigen nächsten Schritte:

1. Steuersatz von Immobilienverwaltungsfirmen an den normalen Satz angleichen.

Die Hintergründe wurden im 7. Kapitel „Sind alle Immobilienkaufleute Haie?" ausführlich beschrieben.

2. Share Deals abschaffen

Auch hier sei auf das o. g. Kapitel verwiesen. Für die wenigen Fälle von tatsächlich lupenreinen Firmenübernahmen lassen sich Sonderregelungen finden. Im Gegenzug sollte privaten Immobilienkäufern die Grunderwerbsteuer reduziert werden. Ein Freibetrag wäre hier gut vorstellbar. So wäre z. B. für den Erwerb zur Selbstnutzung eine Befreiung von der Grunderwerbsteuer bis zu 500.000 € des Kaufpreises wünschenswert.

Grundsätzlich keine Grunderwerbsteuer sollten gemeinnützige Stiftungen zahlen, die nachweislich günstigen Wohnraum schaffen.

Da die Share Deals vornehmlich von großen Immobilienfirmen genutzt werden, verbleibt trotz der Steuerbefreiungen von Privatpersonen und gemeinnützigen Stiftungen ein Steuerplus, das für den sozialen Wohnungsbau verwendet werden sollte.

3. Reform der Spekulationssteuer

Freibeträge für Gewinne aus Immobilienverkäufen sollten komplett abgeschafft werden. Warum soll ein hart arbeitender Unternehmer, der eine Fabrik aufbaut und Arbeitsplätze schafft, bei dem Verkauf seines Unternehmens mehr Steuern zahlen als ein Immobilienbesitzer, der seine Immobilie verkauft? Das ergibt überhaupt keinen Sinn! Außerdem hätte diese Reform kurzfristig einen schönen Nebeneffekt: Etliche Immobilienbesitzer, die Nutznießer der jetzigen Regelung sind, würden vor dem Eintritt der Gesetzesänderung verkaufen. Das Angebot auf dem Markt würde steigen, die Preise würden sinken.

4. Bei Verkauf von Immobilien innerhalb von zehn Jahren den Steuersatz erhöhen.

Spekulanten wollen möglichst schnell aus ihrer Investition Profit schlagen. Wer bereits mit der Intention des Verkaufs einkauft, spekuliert auf eine Wertsteigerung. Folglich sollte eine „Existenzhilfe-Steuer" erhoben werden, wenn eine Immobilie innerhalb der Frist von zehn Jahren verkauft wird. Ich habe diese Bezeichnung gewählt, weil die Mehreinnahmen direkt dazu verwendet werden könnten, die Existenz von Menschen zu retten, die von einer Verdrängung aus ihrer Wohnung oder ihrem kleinen Geschäft bedroht sind. Diese Steuer soll natürlich nur für Immobilien im Wert von über einer Million Euro gelten, denn wir wollen ja die Spekulanten bekämpfen und nicht die Familien, die sich ein Haus kaufen und in eine Notlage geraten.

5. Bodenwertsteuer einführen

Grund und Boden sind uns ja eigentlich von der Natur gegeben und müssten der Allgemeinheit gehören. Man kann ja auch nicht das Regenwasser oder etwa die Niederschlagsmenge für sich beanspruchen und pro Liter mit dem Landbesitzer abrechnen. Die Idee einer Bodenwertsteuer gibt es schon seit 1898.

Die heutige Grundsteuer enthält grobe Fehler, wie wir mitbekommen haben. Zwar zahlt die Grundsteuer der Immobilienbesitzer; diese Kosten kann er aber auf die Miete umlegen! Eine neu kalkulierte Bodenwertsteuer ist deutlich einfacher und gerechter; sie würde Spekulationen sofort unattraktiver machen. Bei ihr richtet sich die Steuerzahlung nur nach dem Wert des Grundstücks, die Gebäude bleiben unberücksichtigt. Dies vereint viele Vorteile:

- Die Steuer ist einfach zu erheben, weil Bodenpreise flächendeckend vorliegen. Der Bürokratieaufwand ist sehr gering. Die Preise werden regelmäßig von den Gutachterausschüssen ermittelt und sind für jedermann zugänglich.
- Es werden Anreize gesetzt, die Grundstücke besser zu nutzen. Anstatt eines kleinen Einfamilienhauses lohnt sich eher der Bau eines Mehrfamilienhauses, da sich dann der Steuerbetrag je Nutzer reduziert.
- Bauland wird mobilisiert! Während heute mancher Investor Flächen zurückhält, um weitere Wertsteigerungen zu realisieren, wird den Wertsteigerungen dann eine Steuer ent-

gegengesetzt. Dies wird mehr Eigentümer dazu bewegen, Bauland schneller zu bebauen.

Gegen die Bodenwertsteuer wird teilweise eingewandt, dass die Steuerzahlungen dann schnell steigen würden, weil auch die Bodenwerte ständig steigen. Dies hängt aber von den Kommunen ab. Sie können über die Hebesätze bestimmen, ob die Steuerzahlungen tatsächlich steigen. Außerdem lassen sich automatische Steigerungen leicht umgehen, indem die Bodenwerte steuerlich nur alle paar Jahre angepasst werden. Ohnehin bietet es sich an, das Verfahren zu vereinfachen, indem die Bodenwerte zu Bodenwertzonen zusammengefasst werden. Dadurch werden Schwankungen vermieden und die Steuer ist weniger streitanfällig.

Es ist davon auszugehen, dass durch die Steuer Innenstadtlagen höher besteuert werden als Randlagen. Dies bedeutet aber nicht zwangsläufig, dass Mieter in Innenstadtlagen stärker besteuert werden. Schließlich teilen sich die Parteien eines Mehrfamilienhauses die Kosten. Eine deutlich höhere Belastung gibt es lediglich für Nutzer, die etwa allein große Grundstücke in begehrten Lagen bewohnen. Dies ist aber auch gerecht, denn mit diesen „Alleinmietern" wird der knappe Raum nicht optimal genutzt.

6. Sondersteuer für Baugrundstücke, die brach liegen

Zusätzlich sollte eine Sondersteuer für Baugrundstücke, die nicht entwickelt werden, erhoben werden. Damit wäre es unattraktiver, Bauflächen liegen zu lassen und weitere Wertsteigerungen abzuwarten, weil diesen Zuwächsen eben eine Steuerzahlung gegenübersteht. Auch das hilft Flächen für den Wohnungsbau zu mobilisieren.

7. Offenlegung der Besitzverhältnisse

Der letztendliche Nutznießer der Immobilie muss klar dokumentiert werden. Das könnte durch ein zentrales Immobilienregister geschehen, das Staat und Kommunen Auskunft über die jeweiligen Besitzverhältnisse erteilt. In den USA, dem Mutterland des Kapitalismus, wie auch in Skandinavien, ist das bereits selbstverständlich.

Ein genauer Nachweis über den Ursprung der Gelder für Immobilienkäufe ist überfällig. Wenn ein Investor aus dem Ausland Geld nach Deutschland transferiert, um Immobilien zu kaufen, muss er nachweisen, dass dieses Geld aus legalen Quellen stammt. Bei bereits gekauften Objekten sollte die Immobilie bis zur Klärung beschlagnahmt werden. Sie werden überrascht sein, wie viele Unholde dann die Reißleine ziehen und das Weite suchen. Die Preise würden purzeln, ähnlich wie beim Ausverkauf von Perserteppichen – allerdings ohne dass, wie auf dem Bazar üblich, die Preise vorab bereits drastisch erhöht wurden.

8. Spekulation aus dem Ausland

Es gelangen massiv Gelder aus dem Ausland nach Deutschland, um in Immobilien investiert zu werden. Allein in 2015 gingen 40 % aller in Deutschland verkauften Wohneinheiten an ausländische Investoren.

Nicht in Deutschland lebende Immobilen kaufende Ausländer sind reine Spekulanten. Bei ihnen zählt ausschließlich der Profit. Das ist nicht per se verwerflich. So funktioniert unser Wirtschaftssystem. Nur sollten eben Immobilien eine Sonderstellung haben.

Ausländer sollten in Großstädten keine Immobilien kaufen dürfen. In den meisten Staaten dieser Erde dürfen nur Staatsangehörige Grund und Boden käuflich erwerben. In Dänemark ist der Erwerb von Immobilien für Ausländer stark eingeschränkt, in der Schweiz ebenso. Damit schützen diese Staaten ihre Bürger vor Spekulanten. Das muss auch in Deutschland durchgesetzt werden.

9. Kontrolle von Airbnb[16]

Es ist in unserer heutigen Situation unsinnig, Wohnungen aus dem Markt zu nehmen, um sie teuer an Touristen zu vermieten. Etliche Wohnungsinhaber sind zu Mini-Spekulanten geworden. Es geht sogar so weit, dass Wohnungen von jemandem gemietet werden, der sie dann mittels Airbnb an Touristen vermietet. Ich habe einen Bekannten, der genau das tut. Zum Glück ist er geschäftstüchtig genug, sein Geld auch auf andere Art zu verdienen, also wird er mir nicht böse sein, wenn ich für die Kontrolle von Airbnb plädiere.

Das Hotelgewerbe schafft Arbeitsplätze, die endlich mal nicht nach Asien abwandern können. Airbnb schafft lokal keinen einzigen Arbeitsplatz. Hotels und Pensionen müssen Genehmigungen haben und Steuern zahlen, die privaten Anbieter kassieren einen großen Teil schwarz. Airbnb führt die Hotelsteuer direkt ab, aber bei den Vermietern selbst verschwindet einiges in dunklen Löchern. Wie bereits erwähnt, gibt es zwar Regelungen, aber diese werden nicht durchgesetzt.

Es ist einfach ein Gesetz zu erlassen, das Airbnb dazu zwingt, nur an lizenzierte Anbieter zu vermitteln. Die Anbieter müssten sich erst einmal bei der Finanzbehörde anmelden. Es muss eine Steuer auf die Einnahmen erhoben werden. Diese Steuer könnte man wunderbar für den sozialen Wohnungsbau nutzen. Des Weiteren darf ein Anbieter nie mehr als eine Wohnung anbieten und es muss eine Limitierung auf 60 Tage im Jahr gelten. Es ist überhaupt kein Problem, bei Airbnb die Software so zu programmieren, dass nur Anbieter mit einer Lizenz ihre Wohnung anbieten dürfen und nach 60 Tagen Vermietung der Anbieter auf der Plattform nicht mehr aufgenommen wird für den Rest des Jahres keine Anzeige mehr schalten kann.

---

[16] Airbnb ist ein 2008 im kalifornischen Silicon Valley gegründeter Community-Marktplatz für die Buchung und Vermietung von Unterkünften, ähnlich einem Hotelreservierungssystem.

Durch diese Maßnahmen würde sich der Markt sofort beruhigen. Der seit einigen Jahren zu beobachtende Goldrausch, der die Preise hochtreibt, wäre vorbei. Das Kernproblem wäre allerdings nicht gelöst. Diesem widmen wir uns im nächsten Kapitel mit den langfristigen Maßnahmen.

Kapitel 12
Der Teufel steckt in den Details –
langfristige Maßnahmen

Erfolg hat nur, wer etwas tut, während er auf den
Erfolg wartet. Thomas A. Edison

Nachdem wir nun durch unsere Sofortmaßnahmen die Lage beruhigt haben, geht es an die langfristige Planung, die Ursachen für die Mietexplosion zu beseitigen. Ein großes, komplexes Problem lässt sich nicht mit nur einer Maßnahme lösen. Wir benötigen eine ganze Reihe davon.

Angebot erhöhen und Kosten reduzieren

Wie bereits in den vorigen Kapiteln ausführlich erklärt wurde, ist das geringe Angebot mit Abstand die größte Ursache für hohe Mieten. Es muss dringend mehr, aber auch bedarfsgerecht gebaut werden. Luxuswohnungen mit Preisen von über 10.000 € pro m^2 helfen überhaupt nicht bei der Aufgabe, bezahlbaren Wohnraum zu schaffen.

Dafür muss zuerst dringend mehr Bauland zur Verfügung gestellt werden. Der Bund, die Kommunen, wie auch die Kirche halten in Berlin viele bebaubare Grundstücke. Es ist eigentlich Aufgabe des Staates, die Rahmenbedingungen für mehr Bauaktivität zu schaffen. Hier hat der Staat bisher versagt. Ein gutes Beispiel ist das Westkreuz in Berlin. Eine Riesenfläche mitten in der Innenstadt wird einzig dazu verwendet, dass dort Lastkraftwagen abgestellt werden. Hier könnten Tausende von Wohnungen entstehen. Nur wenige Kilometer entfernt befindet sich am Stadtrand das Gebiet „Unter den drei Linden". Es liegt seit gefühlt ewiger Zeit brach. Diese brachliegende Fläche lässt sich hervorragend als Parkplatz für Lkw nutzen und das somit frei gewordene Westkreuz für den Wohnungsbau entwickeln. Den Lkw-Fahrern ist es völlig egal, fünf Minuten weiter entfernt zu parken. Da ich als Besitzer der Avus-Tribüne direkt von den Geschehnissen am Westkreuz betroffen bin, habe ich eine Studie ausarbeiten lassen, wie das aussehen könnte. Details dazu finden Sie im Anhang. Ich selbst bin übrigens nicht daran interessiert, an der Entwicklung des Westkreuzes geschäftlich mitzuwirken, da ich für meine Zukunft ganz andere Pläne habe.

Man muss das Rad nicht zweimal erfinden und sich auch nicht mit fremden Federn schmücken. In Anlehnung an Michael Voigtländers Vorschläge in dessen Buch *Luxusgut Wohnen* folgen hier einige punktgenaue Maßnahmen, die aufzeigen, wie mehr Wohnraum geschaffen werden kann:

Kap. 5.2 Städte müssen auch nach oben wachsen

Wer einmal deutsche Städte mit internationalen Metropolen aus der Luft vergleicht, dem fällt eines auf: In deutschen Städten gibt es kaum Wolkenkratzer. Frankfurt ist in diesem Fall eine Ausnahme. Woran liegt das?

Städte wie Singapur oder New York wären ohne ihre Skyline kaum denkbar, schließlich sind Grund und Boden knapp. Und der Ausdruck dieser Knappheit sind die hohen Bodenpreise.
In Deutschland ist die Situation ähnlich. Abgesehen von fehlenden Wolkenkratzern werden auch kaum Hochhäuser gebaut. Der Grund: Wohnhochhäuser haben in Deutschland einen schlechten Ruf. Zwar wurden in den 1970er Jahren viele Wohnhochhäuser mit zehn und mehr Etagen gebaut, weil es eine starke Zuwanderung gab und einen großen Wohnungsmangel. Aber es wurden viele Fehler gemacht: So wurden viele Hochhäuser im Zentrum gebaut, wo sie nicht hinpassten. Oder mitten in Fußgängerzonen! Oder an den Stadtrand ohne vernünftigen Anschluss an Bus und Bahn, ohne eigene Infrastruktur.

Trotz der Fehler sollte man die Möglichkeiten des „Wohnens in der Höhe" nicht ignorieren. In Köln könnten z. B. Wolkenkratzer mit Wohnungen am Rhein entstehen. Auch in anderen Städten wären solche Lösungen denkbar. Der Vorteil: Es können viele Wohnungen entstehen, die die unterschiedlichsten Gruppen bedienen. Moderne Luxusappartements in den oberen Etagen und günstige Wohnungen unten. So wäre auch eine soziale Mischung gewährleistet.

Wohnhochhäuser können zwar eine wichtige Ergänzung darstellen, den Wohnungsmangel auflösen können sie allerdings nicht. Denn zu viele Wolkenkratzer schaden dem Stadtbild, sie sind außerdem zu teuer, weil die Kosten für zusätzliche Brandschutzvorkehrungen ab der neunten Etage enorm steigen.

Was also bleibt? Es wäre viel gewonnen, wenn bei anderen Mehrfamilienhäusern zusätzliche Wohnetagen geplant würden. Denn in den seltensten Fällen wird bis an die Hochhausgrenze von 22 m gebaut. Vielfach haben Mehrfamilienhäuser nur drei bis fünf Etagen. Würde man diese Anzahl nur um zwei Etagen erhöhen, könnten im Neubau von Mehrfamilienhäusern rund 40 % mehr Wohnungen entstehen.

Ähnliches gilt beim Ausbau von Dachetagen: Nach einer Studie des Pestel-Instituts könnten durch den Dachausbau rund 1,1 Mio. neue Wohnungen in 580.000 Mehrfamilienhäusern entstehen.

Das Problem sind oft die Genehmigungen. Diese sind sowohl beim Bau von Wohnhochhäusern als auch bei Aufstockungen schwierig und langwierig. Und das liegt am fehlenden Personal in den Ämtern sowie an den hohen Sicherheitsstandards.

Kap. 5.3 Die Großstädte brauchen neue Stadtviertel
Sind neue Stadtviertel in Großstädten der Weisheit letzter Schluss, um Wohnungsmangel und Mietpreissteigerungen in

den Griff zu bekommen? Natürlich gibt es brachliegende Flächen, die sich für den Wohnungsneubau innerhalb der Stadtgrenzen eignen würden, aber es ist für die Stadt nicht so leicht, an diese Flächen heranzukommen. Denn die Eigentümer müssen verkaufen wollen, teilweise sind die Flächen belastet oder es müssen sogar kostspielige Abrissarbeiten durchgeführt werden.

Zweites Problem: Größere Bauvorhaben rufen oft Bürgerproteste hervor. Und da fehlt es oft an politischem Engagement. Bürgermeister und Kommunalpolitiker müssen die Bürger von der Notwendigkeit und Bedeutung der Bauvorhaben überzeugen. Der Kampf um Grundstücke bleibt zeitaufwendig und langwierig.

Aber die Zeit rennt uns davon! In Berlin wurden zwischen 2010 und 2015 über 50.000 Wohnungen zu wenig gebaut. In München, Köln und Hamburg waren es ebenfalls mehr als 10.000. Ganze Kleinstädte müssen gebaut werden, der Bedarf steigt weiter. Um den Wohnungsmangel zu überwinden, werden neue Stadtviertel oder aber Entlastungsstädte benötigt.

Wie das gehen kann, zeigen uns z. B. unsere niederländischen Nachbarn: Auch hier wachsen die Städte Amsterdam und Rotterdam. Und auch hier steigen die Preise rasant, weil in den Städten nur wenig Potenzial für Neubauten besteht.

Die Lösung: Auf dem alten Gelände des Flughafens Valkenburg, in der Mitte zwischen Amsterdam und Rotterdam, ist eine Entlastungsstadt geplant. Dort sollen rund 5.000 Wohnungen entstehen, zusätzlich auch Gewerbegebiete, Freizeit- und Einkaufsmöglichkeiten. Darüber hinaus Bahnverbindungen zu den Metropolen Amsterdam und Rotterdam, ebenso eine Schnellstraße für E-Bikes.

Diese Entlastungsstadt wird in den Niederlanden nicht die Einzige bleiben. Denn es wird bis 2035 mit einem Bevölkerungszuwachs von rund einer Million Menschen gerechnet.

Warum sind solche Projekte in den Niederlanden und nicht bei uns möglich? Ein wesentlicher Grund sind die Regierungsstrukturen. Stadtplanung in Deutschland liegt in den Händen der Kommunen, zentrale Planungen sind eher die Ausnahme.

Natürlich bedarf es bei derartigen Großprojekten auch der Unterstützung durch das jeweilige Bundesland. Schließlich entlastet eine neue Stadt oder ein Stadtviertel nicht nur eine einzelne Stadt, sondern oft eine ganze Region.

Aber um große Aufgaben lösen zu können, ist es hilfreich, über Gemeindegrenzen hinweg zu denken. Es entsteht mitunter der Eindruck, dass Stadtplaner und Politiker nicht die Vision und den Mut haben, solche großen Wohnprojekte anzugehen.

Kap. 5.4 Die Verwaltung muss schneller werden

Kein Witz! Wenn man in den Niederlanden einen Bauantrag stellt und sechs Wochen nichts vom Amt hört, dann darf gebaut werden. Das bedeutet: Grundsätzlich darf bei unseren Nachbarn gebaut werden, es sei denn, es gibt Einwände.

Bei uns in Deutschland hat man den Eindruck, dass es gerade umgekehrt ist: Es darf grundsätzlich nicht gebaut werden, es sei denn, alle Vorschriften und Auflagen werden eingehalten. – Und das muss sich ändern!

Die durchschnittliche Bearbeitungszeit für einen Bauantrag in Nordrhein-Westfalen beträgt 184 Tage – also rund sechs Monate. Viel zu lange! Und dabei hat die Universität Köln in einer Untersuchung nur die Bauanträge ausgewertet, für die ein vereinfachtes Genehmigungsverfahren möglich ist (z. B. wenn Grundstücke bereits erschlossen sind).

Eine Forderung muss sein: Die kommunale Verwaltung braucht ein deutliches Signal der Bürgermeister, dass der Bau unterstützt werden muss. Wohnungsbau muss wieder zur Chefsache werden!

Aber da wird schon wieder eine neue Hürde aufgebaut: Ist die Baugenehmigung endlich erteilt, sollte zügig mit dem Bau begonnen werden. Viele Akteure im Baumarkt betrachten Baugenehmigungen jedoch als Geldanlage: Sie versuchen, die Baugenehmigung mit dem dazugehörigen Bauland mit großem Gewinn an Projektentwickler zu verkaufen. Warten lohnt sich, liegen die Wertzuwächse dann deutlich über 10 % ...

Dieser Spekulation muss entgegengetreten werden. Zum Beispiel durch die Erteilung von befristeten Baugenehmigungen auf zwei oder sogar nur auf ein Jahr. Wird innerhalb dieser Zeit nicht gebaut, muss die Baugenehmigung neu beantragt werden.

Fazit: Angesichts des großen Baubedarfs darf keine Zeit vergeudet werden. Bauen muss schneller möglich sein und Genehmigungen müssen schneller umgesetzt werden.

Kap. 5.5 Überprüfung von Standards im Bau

Es sind nicht allein die Arbeitskosten oder die Materialkosten, die das Bauen immer teurer werden lassen. Es sind auch die stark gestiegenen energetischen Standards, die die Neubaupreise erhöht haben. Die dadurch erzielten Energieeinsparungen reichen nicht aus, die Kosten zu decken. Die Folge: Neubau wird im Vergleich zu Altbauten unattraktiver, was sich letztendlich auch auf die Bautätigkeit auswirkt.

Auch der Brandschutz ist deutlich verschärft worden. Nach Schätzungen ist der Wohnungsbau durch die gestiegenen technischen Anforderungen zusätzlich teurer geworden: Bei einer 100 m² großen Wohnung schlägt das mit rund 20.000 € zu Buche.

Dazu kommt, dass der Wohnungsbau wenig kreativ ist: Immer die gleichen Materialien, die Zuschnitte der Wohnungen ähneln sich, die Gebäude unterscheiden sich kaum: langweilig!

Der Wohnungsneubau gehört zu den strengsten regulierten Produkten überhaupt. Bis in alle Einzelheiten werden die energetischen Anforderungen definiert und geprüft. Für Kreativität bei der Umsetzung der gesetzten Ziele ist an dieser Stelle wenig Platz.

Dass es auch anders gehen kann, wurde durch die starke Flüchtlingszuwanderung deutlich: Auf einmal lagen Konzepte für einfache Wohnungen und Unterkünfte auf dem Tisch. Wohnungen auf Leichtbeton-Basis wurden vorgeschlagen, die man für Singles genauso wie für Familien nutzen kann. Auch aus Holz lassen sich preisgünstige und komfortable Wohnungen schaffen.

Und plötzlich erkennt man, dass Mitarbeiter bestimmte Anreize brauchen, um kreativ zu sein: Bei einem Dienst nach Vorschrift kommen keine Ideen auf, dieses Problem zu lösen. Gibt man den Mitarbeitern nur Ziele vor und beteiligt sie auch am Erfolg, ist ihre Motivation deutlich höher.

Das gilt auch für den Wohnungsbau: Statt alles bis ins Detail zu regulieren, sollten eher Ziele vergeben werden: Statt Vorgaben über die Dämmung oder die Heiztechnik zu machen, sollte besser ein Ziel für den Energieverbrauch und den Kohlendioxid-Ausstoß vorgegeben werden.

Kap. 4.2 Neubauten werden immer teurer
Das fehlende Bauland ist sicherlich ein wesentlicher Punkt zur Erklärung des mangelnden Wohnungsneubaus, doch nicht der einzige. Denn Neubauten werden immer teurer.

Da fragt man sich: Woran liegt das? An den allgemeinen Baukosten, die sich in Materialkosten und Arbeitskosten unterteilen lassen, liegt es nicht. Es muss andere Gründe geben.

Die Anforderungen an den Wohnungsbau sind in den vergangenen Jahren weiter gestiegen. Das gilt vor allem mit Blick auf die energetischen Standards, die auf Grund der ehrgeizigen Klimaschutzziele weiter erhöht wurden. Doch auch andere Normen, beispielsweise hinsichtlich des Brandschutzes, sind hinzugekommen.

In einer aktuellen Studie der Arbeitsgemeinschaft für zeitgemäßes Bauen e. V. wurden die Kosten der verschiedenen Auflagen und Regulierungen auf den Wohnungsbau geschätzt. Demnach haben allein die gestiegenen energetischen Anforderungen seit 2000 zu einer Erhöhung der Baukosten um 154 €/m^2 geführt – damit sind die Baukosten allein deswegen um 17,7 % gestiegen.

Ein besonderer Kostentreiber, gerade auch bei vielen Umbauten, ist der Brandschutz. Natürlich ist der Brandschutz wichtig und Sicherheit ist hoch anzusiedeln.

Aber: Sicherheit kostet eben auch – und wir als Gesellschaft müssen abwägen, was uns das wert ist.

Wie selbstverständlich setzen wir uns ins Auto, obwohl wir wissen, dass es Risiken gibt. Und wir zwingen auch nicht alle Autobesitzer, ihre Fahrzeuge mit ABS oder anderen Sicherheitstools auszustatten oder nachzurüsten.

Entsprechend müssen wir auch bei Wohnungen abwägen, wenn die Erfüllung von Brandschutzvorkehrungen irrwitzig teuer ist und so weniger gebaut oder saniert wird: Ist es das wert, trotz der geringen Wahrscheinlichkeit von Bränden …?

Kap. 5.6 Auflagen der Kommunen reduzieren

Um den Wohnungsbau wieder preiswerter zu machen, müssen die Kommunen bereit sein, ihre Auflagen zu überdenken und zu reduzieren. Da gibt es verschiedene Kostentreiber: Gestaltung der Fassaden, Dächer und des Brand- und Schallschutzes, Auflagen beim Bau von Mieterparkplätzen etc.

Apropos Stellplatzverordnung: Natürlich macht es keinen Spaß, nach Feierabend viel Zeit damit zu verbringen, nach einem Parkplatz zu suchen. Deshalb verlangen viele Kommunen von den Projektentwicklern dafür zu sorgen, dass bei Neubauten genügend Parkplätze geplant sind – pro Wohnung ein bis sogar eineinhalb Parkplätze. Aber Stellplätze sind teuer, Grundstücke müssen dafür bereitgestellt werden, die Baulandpreise sind gestiegen. So kann ein Stellplatz in einer Großstadt schnell 7.000 bis 11.000 € kosten. Bei Tiefgaragen kommt man schnell an die 20.000er-Grenze. Das heißt: Bei Baukosten von z. B. 200.000 € für eine Wohnung kommen oft bis zu 10 % Stellplatzkosten hinzu.

Man fragt sich: Müssen diese kommunalen Auflagen wirklich sein? In Großstädten verzichten gerade junge Menschen bewusst auf das Auto, um Kosten zu sparen. Sie steigen um auf die öffentlichen Verkehrsmittel oder auf das Fahrrad. Vor diesem Hintergrund sollte man die Stellplatzordnung überdenken. Der Verzicht auf Stellplätze gibt den Projektentwicklern die Chance, alternative Konzepte anzubieten, wie z. B. Carsharing für Bewohner eines Mehrfamilienhauses oder Ladestationen für Elektrofahrräder.

Ein noch größerer „Klopper" bei den Wohnbaukosten sind allerdings die sogenannten städtebaulichen Verträge. Sie kommen zum Tragen, wenn etwa eine Grünfläche oder eine Industriebrache dem Wohnungsbau zugeführt wird. Dann müssen neben den Wohnungen nicht nur Straßen und Kinderspielplätze gebaut werden, sondern auch Kitas und Schulen. Die Wertsteigerung der Grundstücke wird festgelegt, die Investoren werden zur Kasse gebeten.

Kap. 3.1.3 Nichts los auf dem Land

Noch vor rund 15 Jahren war das Häuschen im Grünen eine Wunschvorstellung für viele Menschen. Möglichst ein Eigenheim mit großem Garten und Garage. Doch seitdem hat die Attraktivität der Umlandgemeinden und insbesondere der ländlichen Räume deutlich gelitten.

Dies hängt vor allem mit der fehlenden Infrastruktur zusammen. Der Wegzug junger Leute hat meist zwei Gründe: der fehlende Arbeits- oder Studienplatz. Die Folge: Für viele niedergelassene Dienstleister lohnt es sich nicht mehr, vor Ort zu sein. Das gilt für den Feinkosthändler sowie für das Kino oder den Arzt. Es fehlt aber auch an anderen Geschäften, an Freizeit- oder Sportangeboten.

Die Knappheit von Ärzten auf dem Land ist mittlerweile auch ein politisches Thema geworden.

In vielen kleineren Orten ist schlicht nichts mehr los!

Natürlich kann man der Meinung sein, dass heutzutage viele Geschäfte nicht mehr benötigt werden, weil man viele Waren auch online bestellen kann.

Aber gerade die Internetverbindungen und die Mobilfunkabdeckung sind in vielen ländlichen Räumen äußerst eingeschränkt. Deutschland ist im Vergleich zu anderen europäischen Staaten auf diesen Gebieten geradezu rückständig.

Dies ist für viele junge Menschen ein Grund, den ländlichen Raum in ihre Lebensplanung nicht mit einzubeziehen. Auch viele kleine Unternehmen siedeln sich deswegen nicht im ländlichen Raum an.

Aber gerade für junge Unternehmen oder Selbstständige wäre der ländliche Raum durchaus eine Alternative. Die Vorteile: Keine Störungen, freies Denken abseits des Mainstreams und natürlich geringere Kosten aufgrund niedriger Mieten. Doch die Voraussetzung ist ein schnelles Internet. Deshalb ist der Breitbandausbau ein wichtiger Teil eines Investitionsprogramms für den ländlichen Raum.

Was bleibt, um auf dem Land zu wohnen und in der Stadt zu arbeiten? Das Pendeln. Aber hier sieht es oft noch schlechter aus als auf der Datenautobahn: Kaum Züge oder Busse im ländlichen Raum! Oft werden die großen Städte nur über Umwege erreicht. Wer auf Bus und Bahn im ländlichen Raum angewiesen ist, braucht viel Zeit und gute Nerven. Das Pendeln mit dem Auto – als letzte Alternative – ist für viele, gerade auch junge Menschen, nur eingeschränkt möglich.

Prof. Dr. Voigtländer ist einer der führenden Experten in der Immobilienwirtschaft. Er hat sein Leben dieser Wissenschaft gewidmet. Man kann davon ausgehen, dass er auf seinem Spezialgebiet über mehr Wissen verfügt als unsere abgehetzten Politiker, die sich mit einer Vielzahl verschiedener Themen beschäftigen müssen.

Ich erlaube mir, ein paar Ideen hinzuzufügen:

Einheitliche Baustandards

Es gibt tatsächlich in jedem Bundesland andere Baustandards! Wir haben 16 Bundesländer also gibt es 16 verschiedene Baustandards. Ist etwas in Niedersachsen genehmigt, darf man es in Berlin nicht anwenden und umgekehrt. Man muss so den gesamten Prozess von vorn beginnen. Das ergibt überhaupt keinen Sinn und es verteuert die Baukosten, weil man nicht auf standardisierte Bauteile zurückgreifen kann. Es ist unglaublich, dass schon seit den 70er-Jahren zwischen den Bundesländern verhandelt wird, einheitliche Baustandards zu schaffen.

Bestehende Freiräume nutzen, neue Freiräume schaffen
Die Zeiten haben sich geändert. Es gab früher einmal ein Über-
angebot an Wohnungen in Berlin. Die Vermieter liefen den Mietern nach. Kaum zu glauben! Jetzt herrscht aber Wohnungsnot
und -knappheit.

Mit ein wenig Kreativität lassen sich endlose Baumöglichkei-
ten entdecken. So gibt es noch immer massenhaft leicht zu
füllende Baulücken. Viele Gebäudereihen sehen aus wie Säge-
zähne. Die Lücken kann man durch Aufbauten füllen.
Es gibt tausende ungenutzte Dachgeschosse in Gebäuden. Das
sind vorhandene Räume, die nur ausgebaut werden müssen.
Laut einer Studie der Technischen Universität Darmstadt und
des Pestel Instituts Hannover könnten in Berlin ca. 100.000
neue Wohnungen entstehen, ohne dass dafür freie Flächen be-
baut werden müssten!

Ferner existieren etliche Gewerbegebiete in bester Wohnla-
ge. Dort dürfen jedoch keine Wohnungen gebaut werden. Ein
Logistikzentrum, das Paletten lagert, muss nicht unbedingt in
der Innenstadt oder an einem schönen Kanal liegen. Gewerbegebiete lassen sich wunderbar zu Mischgebieten entwickeln
und umwidmen, ohne dass man Baugrundstücke dafür bräuchte. Gleichzeitig muss man natürlich auch günstige Gewerbe-
flächen schaffen, denn steigende Gewerbemieten verhindern
Wachstum und vernichten Arbeitsplätze.

Es gibt etliche Projekte zur Schaffung von Wohnraum, die aus
Willkür von den zuständigen Behörden verhindert werden. Allein die Fälle, die ich kenne, würden für mehr als 50.000 Menschen in Berlin bezahlbaren Wohnraum schaffen! Daraus lässt
sich ableiten, wie enorm dieses Potenzial sein muss, wenn wir
von sämtlichen dieser Projekte wüssten. Leider ist jedoch kein
Bauherr bereit, an die Öffentlichkeit zu gehen, aus Angst vor
Ressentiments der Behörden.

Und hier zum Thema Freiräume noch eine Frage: Finden Sie Autobahnen schön und leise? Wahrscheinlich nicht. Es gibt Teilstrecken, die sich bequem überbauen lassen. Die Fahrzeuge und der Lärm verschwinden unter der Erde (erstere kommen aber erfreulicherweise wieder hervor) und sichtbar werden schöne Wohngebiete mit vielen Grünflächen. Es ist unglaublich, wie viel Baugrundfläche für die Städte dadurch zurückgewonnen werden kann. Ein Beispiel habe ich bereits erwähnt.

Container-Wohnungen
Für Studenten, Obdachlose und vielleicht Flüchtlinge benötigen wir andere innovative Lösungen. Wer erst einmal übergangsweise oder für einen kurzen Zeitraum eine Wohnung braucht, ist sicherlich nicht ganz so anspruchsvoll. Container, Wohnungen in Leichtbauweise oder aus Holz können günstig errichtet werden und bieten einen ordentlichen Wohnkomfort. Und wenn sich die Lage entspannt hat, können die Wohnungen wieder leicht vom Markt genommen werden. Gerade für Obdachlose ist die Not im Winter sehr groß, zumal diese Menschen kaum eine Chance haben, eine Sozialwohnung beziehen zu können. Es ist eine Schande für unser reiches Land, dass manche Menschen bei Kälte und Regen unter Brücken schlafen müssen. Auch die weniger anspruchsvolle Gruppe der Studenten lässt sich in derart improvisierten Quartieren unterbringen, die eine gute und günstige Alternative zum regulären Wohnungsmarkt bieten, der dadurch spürbar entlastet wird.

Die Wohncontainer können durchaus attraktiv sein. Die Kosten einer Wohneinheit liegen unter 1.000 € pro m², also weit unter denen eines konventionellen Neubaus.

Instandhaltungspflicht
Wie Modernisierungsmaßnahmen genutzt werden, um Mieten hochzutreiben, wurde bereits beschrieben. Dabei wird noch zusätzlich getrickst. Modernisierungen muss der Mieter zahlen, Instandhaltung nicht. Diese gehört zu den Pflichten des Ver-

mieters, denn schließlich erhält er ja Miete dafür. Nun entsteht immer wieder Streit darüber, was Modernisierung ist und was Instandhaltung. Einige gehen sogar so weit, dass sie Instandhaltungsmaßnahmen einfach in die Modernisierungsmaßnahmen einfließen lassen. Wenn das zu offensichtlich ist und sich nicht durchsetzen lässt, wird zu folgendem „Bazari-Trick" gegriffen:

Nehmen wir einmal an, die Modernisierung der Fenster kostet 5.000 € und die Instandhaltung der Toilette 1.000 €. Dem Subunternehmer wird mündlich mitgeteilt, dass er für die Fenster 5.500 € anbieten soll und für die Toilette 500 €. So lassen sich Instandhaltungskosten elegant auf die Mieter abwälzen. Besonders einfach ist das, wenn dem Eigentümer der Immobilie auch das Subunternehmern gehört. Genau diesen Trick wenden einige der großen Wohnungsbaugesellschaften an. Sie haben Tochterunternehmen, die derart fingierte „Modernisierungen" ausführen. Auf Kosten der Mieter fahren sie hier doppelt Profit ein.

Im gegensätzlichen Extremfall wird häufig überhaupt nichts instandgehalten, um die Mieter zu vertreiben. Es gibt immer wieder Streit zu diesem Thema und unsere ohnehin überlasteten Gerichte müssen sich mit etlichen solcher Klagen befassen.
Man kann die Problematik und den Missbrauch sehr einfach abschaffen: Es muss eine Instandhaltungspflicht eingeführt werden, die bei Bedarf objektiv kontrolliert wird. Hierzu benötigen wir eine Streitschlichtungsstelle, die von vereidigten Baufachleuten gebildet wird. Im Streitfall entscheiden diese Schlichter per Gutachten, was Instandhaltung ist. Die Möglichkeit, gegen solche Entscheide zu klagen, sollte nicht eingeräumt werden. Allenfalls kann man nach einem zweiten Gutachter verlangen. Das Verfahren ähnelt der TÜV-Prüfung von Kraftfahrzeugen. Nach dieser klagt ja auch niemand, wenn der Prüfer im Mängelbericht die Auflage erteilt, die Bremsbeläge zu erneuern. Die

Kosten solcher Verfahren sollte der Verlierer tragen. Das ist die beste Motivation, sich vorher gütlich zu einigen.

Bei einem Ausfall der Heizung z. B. sollte der Mieter pro Nacht eine Pauschale von 60 € pro Person bekommen. Dadurch wird verhindert, dass am Weihnachtsabend bei klirrenden Temperaturen zufällig die Heizung ausfällt, wie es häufig geschieht, wenn Mieter zum Auszug veranlasst werden sollen.

Konkrete Vorgaben bei der Reduzierung von Bauvorschriften
Wie bereits erwähnt, sind die Bauvorschriften in Deutschland von 5.000 auf 20.000 gestiegen. Das geht gar nicht! Die Bauvorschriften müssen auf 10.002 reduziert werden. Wir hatten vorher 5.000 also wären 10.002 immer noch mehr als eine Verdoppelung. Die zwei zusätzlichen Vorschriften helfen nicht nur der Statistik (ein alter Trick), sie sind vorgesehen für zwei Dinge, die wir dringend benötigen.

Es ist ein Unding, dass sich jeder bei Einzug in eine Wohnung abplagen muss, um einen Internetanschluss zu bekommen. Es muss eine Verpflichtung geben, jedes Gebäude mit einem Internetanschluss zu versehen. Dann wären die wochenlangen Streitigkeiten mit den verschiedenen Anbietern kurzerhand beigelegt, die sich bei Problemen stets gegenseitig beschuldigen. Mit einem Passwort versehen, kann jeder vom ersten Tag an seine notwendigen Arbeiten ohne Stress erledigen.

Jahrelang habe ich mich darüber geärgert, vom Supermarkt schwere Plastikflaschen mit Wasser gefüllt nach Hause schleppen zu müssen und die leeren wieder zurückzubringen. Mit Wasser gefüllte Plastikflaschen sind so ziemlich das Unsinnigste, was es gibt, erst recht wenn sie aus dem Ausland hierher transportiert werden. Das Problem ist, dass unser Leitungswasser zwar in der Qualität besser ist als die meisten Marken, der Kalkgehalt jedoch zu hoch ist, was nicht jedem schmeckt. Für die Menschen, die Wasser mit Kohlensäure mögen, ist Leitungswasser ohnehin keine Alternative, und die Sprudelgeräte sind unpraktisch.

Seitdem ich mir eine kleine Anlage zugelegt habe, ist das Problem gelöst. Ich habe stets wohlschmeckendes Wasser, auf Wunsch auch mit Kohlensäure, das aus meinem Wasserhahn kommt. In jeder Wohnung sollte so ein Gerät vom Eigentümer installiert werden. Jeder könnte dann sein Wasser in Mehrzweckflaschen abfüllen. Das ist eine Maßnahme für den Umweltschutz, die wirklich Sinn macht. Binnen zehn Jahren wären somit über 80 % der Plastikflaschen überflüssig.

Die Reduzierung der Bauvorschriften ist immens wichtig, um die Baukosten zu senken und dadurch die Mieten zu reduzieren. Holland hat demonstriert, wie das geht. In unserem Nachbarland sind die Wohnprobleme wesentlich besser gelöst worden als in Deutschland. Der einzige Trost: Im Fußball sind wir immer noch besser.

Maklercourtage

Die derzeitigen Maklercourtagen sind zu hoch und müssen reduziert werden. Im Ausland sind 2-3 % üblich. Da hierzulande mehr Bürokratie herrscht, halte ich 5 % für fair. Die Courtage sollte allerdings gestaffelt werden. Die Arbeit, ein Gebäude für eine Million Euro und ein anderes für 10 Millionen Euro zu vermitteln, ist fast gleich.

Außerdem sollte das Bestellerprinzip durchgesetzt werden, bei dem der Verkäufer die Provision zahlt. Dadurch spart der Käufer zwar kein Geld, denn die Verkäufer werden diese Kosten einfach auf den Kaufpreis aufschlagen, für den Käufer bietet es aber den Vorteil, dass die Courtage aus den Nebenkosten des Immobilienkaufs, die ja nicht finanziert werden, verschwindet, Die Bank kann dann diesen Teil mitfinanzieren. Somit benötigt der Käufer weniger Eigenkapital für den Erwerb einer Immobilie.

Das Erbwohnrecht-Modell

Wie wir gesehen haben, stellen Grund und Boden einen erheblichen Teil der Beschaffungskosten von Wohnungen und Häusern dar. In vergleichsweise ärmeren Ländern wie Thailand oder dem Iran gibt es die Möglichkeit, Immobilien zu kaufen, ohne Besitzer des Grundstücks zu werden. In Thailand erhalten viele Bauern ein Grundstück vom Staat und dürfen dort ihr Haus errichten. Grundeigentümer bleibt der Staat. Nur das Haus gehört dem Bauern. Es kann vererbt oder verkauft werden.

Im Iran werden kleine Gewerbeeinheiten von privaten Investoren gebaut, wie z. B. früher von meinem Vater, ohne dass das anteilige Grundstück mit verkauft wird. Die Käufer besitzen nur das Geschäft, das sie vererben und verkaufen dürfen. Sie zahlen eine Art Wohngeld für die Instandhaltung und Modernisierung. Bei einem Verkauf erhält der Grundstücksbesitzer vom Verkäufer der Einheit eine Gebühr zwischen 10 und 20 % des Verkaufspreises.

Ein Erbwohnrecht würde die Kosten des Immobilienerwerbs erheblich senken. Ließe die Stadt ihre Filetgrundstücke nach diesem Modell bebauen – das Grundstück wird also nicht verkauft, sondern für günstigen Wohnraum und kleine Ladengeschäfte genutzt – wäre die Situation eine deutlich andere. Zwar muss das Erbwohnrecht im Grundbuch eingetragen werden, aber die Grunderwerbsteuer entfällt. Die Notarkosten sollten nach einer Gebührentabelle entrichtet werden und Maklerprovisionen entfallen. Diese Art von Angeboten lässt sich via Internet zudem sehr einfach publizieren.

Das klingt hierzulande alles sehr ungewöhnlich, wird in vielen Ländern jedoch seit Jahrzehnten erfolgreich praktiziert.
Ich kann nicht oft genug betonen, dass die heutige Politik nicht adäquat funktioniert. Ich werde das an anderer Stelle detaillierter beschreiben. Wir müssen damit rechnen, dass viel Zeit vergehen wird, bis die erforderlichen Maßnahmen durchgesetzt

sind. Wir dürfen uns nicht komplett auf die Politik verlassen. Es gibt eine Königsdisziplin, mit der wir günstige Mieten für Wohnraum und Kleingewerbe schaffen, ohne uns an die Politik wenden zu müssen. Wie diese Königsdisziplin aussieht, erfahren Sie im Kapitel „Der Weg zum Paradies".

Kapitel 13
Streite, teile – und erreiche nichts!

Da, da, da.　　　　　　　　*Trio*

Wie schon mehrfach erwähnt, kann man der Politik nicht vor-
werfen, das Problem der teuren Mieten nicht zu erkennen. Es
ist in letzter Zeit in aller Munde. Es werden auch viele verschiedene Lösungsvorschläge diskutiert. Bei bestem Willen lässt
sich jedoch keine überparteiliche Zusammenarbeit erkennen,
insofern wir Vorschläge zu hören bekommen, die einander
komplett widersprechen. Selbst die Experten, teilweise von den
Streithähnen beauftragt, sind sich nicht einig. Es liegt in der Natur der Sache, dass sich die verschiedenen Interessengruppen
bekämpfen. Die Verantwortlichen sollten aber in solch einem
lebenswichtigen Fall ausnahmsweise einmal die Parteipolitik
zurückstellen und im Interesse der Mehrheit der Bürger handeln. Wenn das jedoch kein Wunschtraum bleiben soll, müssen
wir uns mit den Details auseinandersetzen:

Um die Situation nicht nur mit Worten zu verschönern, sondern
tatsächlich auch zu verbessern, müssen einige Gesetze geändert werden. Hier muss man zwischen Bundesrecht und Landesrecht unterscheiden.

Gesetze, die nur vom Bund beschlossen werden, müssen erst
einmal den Bundestag passieren. Das erfolgte in den letzten
Jahren in zähen Verhandlungen zwischen der CDU/CSU und
der SPD. Mühsam kommt man zu Kompromisslösungen. Danach muss aber in vielen Fällen der Bundesrat zustimmen, der
aus Vertretern der Landesregierungen aller 16 Bundesländer
besteht. Jedes Land hat je nach Größe drei, vier, fünf oder
sechs Stimmen.

Um zu verstehen, warum in unserer Zeit vieles nicht funktioniert und Probleme nicht gelöst werden, nehmen wir als Beispiel den Share Deal. Sie erinnern sich: Das ist ein Gesetz, das die Vermeidung der Grunderwerbsteuer für Firmen ermöglicht.

Meine Forderung lautet: Der Share Deal gehört abgeschafft. Die Gegner argumentieren ausschließlich damit, Firmenverkäufe würden dann teurer werden. Das ließe sich durch eine eigens dafür geschaffene Sonderregelung entkräften. Bei echten Firmenverkäufen, z. B. wenn eine Fabrik verkauft wird, die auf einem Firmengrundstück steht, sollte der Verkauf nicht zusätzlich mit einer Grunderwerbsteuer belastet werden.

Die mit Abstand meisten Share Deals sind aber diejenigen, bei denen Immobilien eigens von einer Firma gekauft werden, um die Grunderwerbsteuer zu vermeiden.

Ich glaube, die Mehrheit der Bürger unseres Landes möchte die Abschaffung des Share Deals, denn die SPD, die Grünen, die Linken und die AfD sind dafür. Lediglich die CDU und die FDP sind dagegen. In der CDU/CSU sind auch nicht alle dagegen, aber sie müssen sich der Parteipolitik beugen. In allen anderen Parteien ist es in gleicher Weise oder ähnlich geregelt.

Diese Steuervermeidung schadet dem Volk. Warum ist es zu einer Abschaffung solcher Share Deals nicht schon längst gekommen?

Im Bundestag muss der Gesetzesentwurf mit einer einfachen Mehrheit beschlossen werden. Die Mehrheit liegt bei der Regierungskoalition aus CDU/CSU und SPD.

Aber es gibt auch andere Mehrheiten: Die SPD könnte ja mit den Grünen, den Linken und der AfD – mit einer einfachen Mehrheit – das Gesetz im Bundestag verabschieden. Das ist jedoch nicht möglich, da es einen Koalitionsvertrag zwischen

CDU/CSU und SPD gibt, an den sich die Regierungsparteien halten müssen.

Die SPD darf nur so ihre Stimme abgeben, wie es im Koalitionsvertrag steht, sonst bricht die Koalition auseinander. Das kann die SPD aber nicht riskieren, denn ihre Umfragewerte sind seit den letzten Wahlen dramatisch gesunken und eine Neuwahl wäre vermutlich ein Desaster. Die einzige Hoffnung ist – und hier sind sich plötzlich alle SPD-Mitglieder einig –, dass man durchhält und sich die Umfragewerte in der verbleibenden Legislaturperiode wieder zu ihren Gunsten verändern.

So verhindert eine Minderheit, nämlich CDU/CSU und FDP, dass der Wunsch der Mehrheit der Bürger erfüllt wird. Besonders vehement gegen die Abschaffung des Share Deals äußern sich der hessische Finanzminister und seine Partei – gewiss nicht zufällig, denn das deutsche Banken- und Finanzzentrum liegt nun einmal in Hessen.

Es gibt natürlich Gesetzesentwürfe, die „gut" sind und von der CDU/CSU, den Grünen, der AfD und der FDP befürwortet werden. In diesem Fall ist es genau umgekehrt. Hier verhindern dann die SPD und die Linke ein Gesetz, obwohl ihre Meinung zu diesem Thema eindeutig nur von einer Minderheit der deutschen Bürger geteilt wird.

Die Koalitionsverträge sind mit einem Kuhhandel vergleichbar. Besonders wichtige Punkte für die erste Partei werden von der zweiten Partei zähneknirschend akzeptiert. Im Gegenzug akzeptiert die erste Partei Initiativen der zweiten Partei, obwohl sie eigentlich dagegen ist. Um nun überhaupt zu einer Einigung zu kommen, wird wie auf dem Bazar gefeilscht. Die Gegner versuchen, die Punkte des anderen so weit wie möglich zu verwässern, bevor sie zustimmen. Nun versteht man auch, warum diese Koalitionsverhandlungen ewig dauern.

Als ob das alles nicht reichen würde, kommt nun noch die Zustimmung des Bundesrates dazu. In den 16 Bundesländern gibt es unterschiedliche Koalitionen. Die Verhältnisse sind derzeit so komplex, dass man sie nicht verständlich in Worte fassen kann. Schauen wir uns daher folgende Tabelle an:

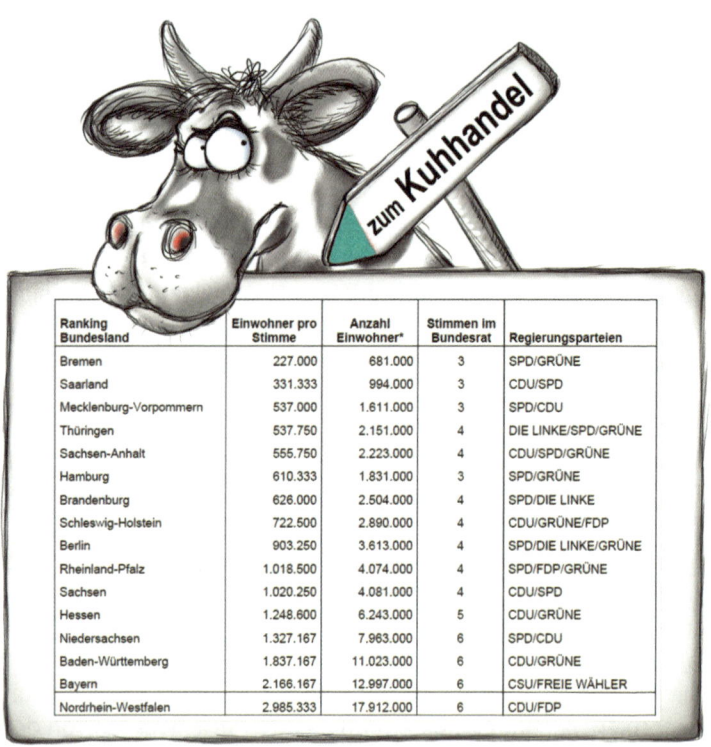

Ranking Bundesland	Einwohner pro Stimme	Anzahl Einwohner*	Stimmen im Bundesrat	Regierungsparteien
Bremen	227.000	681.000	3	SPD/GRÜNE
Saarland	331.333	994.000	3	CDU/SPD
Mecklenburg-Vorpommern	537.000	1.611.000	3	SPD/CDU
Thüringen	537.750	2.151.000	4	DIE LINKE/SPD/GRÜNE
Sachsen-Anhalt	555.750	2.223.000	4	CDU/SPD/GRÜNE
Hamburg	610.333	1.831.000	3	SPD/GRÜNE
Brandenburg	626.000	2.504.000	4	SPD/DIE LINKE
Schleswig-Holstein	722.500	2.890.000	4	CDU/GRÜNE/FDP
Berlin	903.250	3.613.000	4	SPD/DIE LINKE/GRÜNE
Rheinland-Pfalz	1.018.500	4.074.000	4	SPD/FDP/GRÜNE
Sachsen	1.020.250	4.081.000	4	CDU/SPD
Hessen	1.248.600	6.243.000	5	CDU/GRÜNE
Niedersachsen	1.327.167	7.963.000	6	SPD/CDU
Baden-Württemberg	1.837.167	11.023.000	6	CDU/GRÜNE
Bayern	2.166.167	12.997.000	6	CSU/FREIE WÄHLER
Nordrhein-Westfalen	2.985.333	17.912.000	6	CDU/FDP

Quelle: *Statista*, Stand: 31.12.2017

Bremen hat mit seinen knapp 700.000 Einwohnern im Bundesrat genauso viele Stimmen wie Hamburg mit 1,8 Mio. Einwohnern. Ist das gerecht? Noch eklatanter ist es, wenn man die Städte Berlin, Hamburg und Bremen mit Bayern vergleicht. Die Stadtstaaten tendieren in die linke Richtung, die Bayern in die rechte. Berlin, Hamburg und Bremen haben mit insgesamt 6,3 Mio. Einwohnern zehn Stimmen, aber Bayern mit knapp 13 Mio. nur sechs. Ist das Demokratie?

227.000 Bremer haben eine Stimme im Bundesrat; die Bürger von Nordrhein-Westfalen müssen dafür 2.985.333 Landsleute aufbringen, also mehr als dreizehnmal so viele! Wir schimpfen zurecht über das Wahlmännersystem in den USA, aufgrund dessen die Republikaner häufig die Präsidentschaftswahlen gewinnen, obwohl sie den Demokraten in der absoluten Anzahl der Stimmen unterliegen. Auch Donald Trump hatte zuletzt 3 Mio. weniger Stimmen als Hillary Clinton und ist dennoch US-Präsident geworden. Doch bei uns in Deutschland ist die Situation, was den Bundesrat betrifft, viel komplizierter.

Es erscheint heute kaum noch sinnvoll, dass Bremen mit knapp 700.000 Einwohnern ein Bundesland ist und München mit über 1,5 Mio. nicht. Geschichtlich reicht diese autonome Tradition der Stadt bis zur Hansezeit zurück. Das ist aber schon sehr lange her. Da gab es ja noch Piraten, die mit Digitalisierung nichts am Hut hatten. Der bekannteste unter ihnen, Klaus Störtebecker, wurde hingerichtet. Das war bei der Piraten-Partei in Berlin nicht nötig. Die haben sich selbst zerfleischt.

Hinzu kommt noch das Tohuwabohu der Koalitionen. Nach dem Zweiten Weltkrieg gab es elf Bundesländer. Bei der Wiedervereinigung kamen fünf neue hinzu. Nun weiß jeder, dass Menschen, und erst recht Parteien, sehr häufig nicht einer Meinung sind. Bei zwei Personen kann es mathematisch nur zwei verschiedene Meinungen geben. Bei zehn Personen sind es schon zehn verschiedene Meinungen. Es gibt tatsächlich nicht weniger als zehn verschiedene Koalitionen unter den 16 Bundesländern! Nur 16 Vertreter im Bundesrat von insgesamt 69 sind in einer CDU-SPD-Koalition konform zur Bundesregierung. Wenn man es ganz genau nimmt, ist noch nicht einmal das gegeben, denn in Mecklenburg-Vorpommern und in Niedersachsen ist die SPD die führende Partei in einer Koalition mit der CDU. In der Bundeskoalition führt dagegen die CDU.

Die folgende Tabelle soll dies verdeutlichen. Ich habe die verschiedenen Koalitionen farblich gekennzeichnet. Dabei war es schwer, überhaupt genügend unterschiedliche Farben zu finden.

Wie soll man da zu einer vernünftigen Einigung kommen?

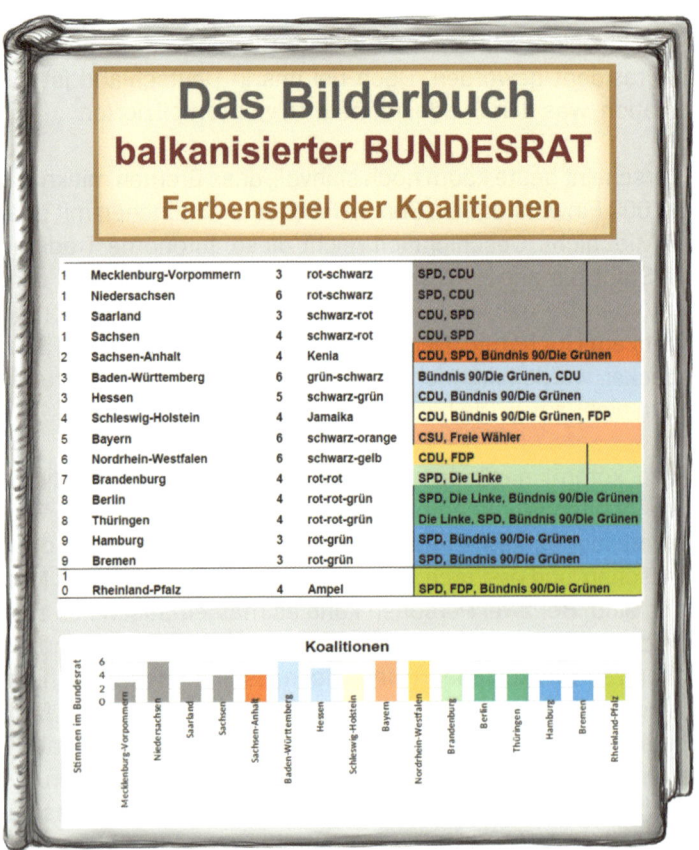

So werden durch den Bundesrat Gesetze gekippt, die eigentlich Wille der Mehrheit des deutschen Volkes sind. Hinzu kommen noch die Gesetze, die erst gar nicht vorgelegt werden, weil die regierenden Parteien wissen, dass sie im Bundesrat nicht durchkommen.

Ab und zu gibt es Ausnahmen, wie vor Kurzem, als Baden-Württembergs Ministerpräsident Winfried Kretschmann Rücksicht auf seine Wähler genommen und gegen die Politik seiner eigenen Partei gestimmt hat. Er signalisierte im Bundesrat Zustimmung dafür, Tunesien, Marokko, Algerien und Georgien als „sichere Herkunftsländer" von Flüchtlingen zu akzeptieren – und fing sich somit enormen Ärger mit seiner Partei ein. Soviel Rückgrat haben nicht alle.

Viel häufiger ist folgendes Beispiel: Die Digitalisierung an Schulen. Man kann es fast nicht glauben, aber Deutschland ist, was die Digitalisierung angeht, tatsächlich ein Entwicklungsland. Wir sind dabei, hier die gigantischen Änderungen auf der Welt, die unsere Zukunft maßgeblich verändern werden, komplett zu verschlafen. Allein schon, dass Internet und Mobilfunkdienste in Deutschland nicht flächendeckend funktionieren, ist ein Skandal. In den Schulen wird wie vor dreißig Jahren gelehrt.

Es gab einen Gesetzesentwurf, der die Situation an den Schulen zumindest in punkto Digitalisierung verbessern sollte. Wie immer gab es natürlich ewig lange Diskussionen und Streitereien, aber es kam wenigstens zu einer Einigung zwischen der GroKo, der FDP und den Grünen im Bundestag.

Dabei ging es um ein 5 Mrd. € schweres Investitionsprogramm für die digitale Ausstattung von Schulen: Bis 2023 flächendeckend für WLAN, Tablet-Computer, Fortbildung von Lehrkräften. Der Haken an der Geschichte: Die Mittel des Bundes sollten jeweils in gleicher Höhe durch Gelder der einzelnen Länder mitgetragen werden. Beispiel: Investiert der Bund Millionen in das Bildungswesen, müssen sich die Länder zu 50 Prozent an den Kosten beteiligen. Und da spielten die Länder (einstimmig) im Bundesrat nicht mit, wollten sich nicht vom Bund in ihre landeshoheitlichen Angelegenheiten reinreden lassen und kippten das Gesetz einfach, das so mühevoll erarbeitet worden ist. Es musste neu verhandelt werden. Inzwischen kam es doch zu einer Einigung, aber es sind wertvolle Jahre vergangen.

Noch schlimmer sieht es bei der Reform der Grundsteuer aus. Die Grundsteuer ist eine Vermögenssteuer, d. h. hier werden nicht Einnahmen versteuert, sondern vorhandenes Vermögen – und zwar in Form von Grundstücken und Gebäuden. Die Grundsteuer wird über die Nebenkosten auf die Mieter umgelegt. Wie bereits erwähnt, basierte die Besteuerung auf Werten, die in den alten Bundesländern 1964, in den neuen Bundesländern sogar bereits 1936 ermittelt wurden. Das führte zu völlig irrelevanten Werten, denn die Preise haben sich seither in ganz Deutschland drastisch verändert. Darüber hinaus kam es zu grotesken Ungleichheiten. In Berlin war das an der ehemaligen Grenze besonders eklatant. Die in derselben Straße einander gegenüberstehenden Gebäude werden mit zwei verschieden hohen Steuern belastet. Wer soll das noch verstehen?

Etwa zwanzig Jahre lang stritten die Parteien über eine Reform. Es bedurfte erst eines Urteils des Bundesverfassungsgerichts, damit die Politik endlich reagierte. Allein darüber kann man nur den Kopf schütteln. Das Verfassungsgericht erklärte die Grundsteuer in der Form für verfassungswidrig, weil sie zu „gravierenden Ungleichbehandlungen" führe. Muss man für diese Feststellung wirklich die kostbare Zeit von 16 hohen Richtern beanspruchen?

Ich möchte Sie, liebe Leserinnen und Leser, mit den frustrierenden Details nicht belasten, aber wie üblich gab und gibt es noch heftigen Streit zwischen den Parteien, den Bundesländern und den Kommunen. Nach zähen Verhandlungen ist es Finanzminister Olaf Scholz tatsächlich gelungen, eine Gesetzesnovelle vorzulegen, die jedoch von allen Seiten sofort beschossen wurde. Zu Wort meldeten sich hierzu neben CDU, CSU, SPD, Grünen, AfD, Linken, FDP auch Mieterbund, IVD, DT, GdW, DIW, DIHK, BVMW, ZBW und IWK – ich hoffe, niemanden vergessen zu haben. Die Erklärungen der Kürzel erspare ich Ihnen, weil es unerheblich ist, wer hier alles mitmischen will. Mir geht es um das Prinzip, dass auf diese Weise keine gütliche Einigung erzielt werden kann. Wenn heute jemand die Bibel schreiben würde, wäre nicht der Turmbau zu Babel das Beispiel für Chaos, sondern die Grundsteuerreform in Deutschland. Wobei es hier noch nicht einmal nötig ist, das Volk zu bestrafen, indem man verschiedene Sprachen einführt. Die neuen Berechnungen sind so kompliziert, dass wir Bürger die Einzelheiten nicht verstehen können. Die Bürokratie würde zunehmen und, was am schlimmsten ist, das Halten von baufähigem Land wird nach wie vor belohnt und das Bauen bestraft. Eine Bodenwertsteuer ist wesentlich vielversprechender.

Die absolut notwendigen Änderungen der Gesetze, um Spekulation zu vermeiden und Investition zu fördern, betreffen leider das Bundesrecht. Es reicht nicht, nur Druck auf die Regierung auszuüben. Wir müssen bei jeder Maßnahme in Betracht ziehen, wie die jeweiligen Länder im Bundesrat dazu stehen und dementsprechend handeln.

Unser gesamtes politisches System entstand in einer Zeit, die weit zurück liegt und in der es noch den Ostblock und die DDR gab. Von Globalisierung war noch keine Rede und vor allen Dingen: Es gab weder Computer, noch Mobiltelefone oder Internet! Die Digitalisierung schreitet in Riesenschritten voran und wird unsere Welt weiterhin radikal verändern. Unser politisches System ist aber komplett in der Vergangenheit steckengeblieben.

Wenn wir Dinge nicht geändert hätten, nur weil es sie vermeintlich eben schon immer gab, müssten wir heute noch auf dem

Land für die Adligen schuften und die katholische Kirche würde rothaarige Frauen als Hexen foltern und verbrennen. Nichts hat ein Recht auf Ewigkeit. Veränderung ist überlebensnotwendig für die Menschheit und auch für unsere Demokratie. Das scheint an unserem politischen System leider vorbeigegangen zu sein. Bezeichnenderweise läuft im Bundestag ein Diener tatsächlich mit einem Frack herum. Dieses Kostüm ist letztes Jahrhundert pur. Zum Glück trägt er aber keinen Zylinder.

Die Hoffnung, die uns bleibt, richtet sich auf die notwendigen Gesetze, die von den Ländern verabschiedet werden können. Zwar existieren auch in der Landespolitik Schachereien, genauso wie im Bundestag, aber das Volk hat hier eine Möglichkeit einzugreifen! Das werde ich in dem folgenden Kapitel „Das Berliner Modell" beschreiben.

V.
Was können wir tun?

Kapitel 14
Das Berliner Modell

Wer zuletzt lacht, lacht am besten.

Volksweisheit

Die Welt ist fantastisch, wenn Menschen sich ausgleichen. Ich mag z. B. kein Fernsehen, bis auf die Fußball-WM ab dem Halbfinale. Es kostet zu viel Zeit und lenkt zu sehr vom Leben ab. Meine Schwester mag keinen Sport. Sie kann nicht nachvollziehen, warum man sich freiwillig bis zur Atemlosigkeit verausgabt, dabei in Schweiß gebadet und mit hochrotem Kopf. Wir haben uns darauf geeinigt, dass ich für sie Sport mache und sie für mich fernsieht.

So bekomme ich dank Internet und Mediathek die wichtigen Informationen mit, die das Fernsehen ja tatsächlich ab und an zu bieten hat. Die Auftritte von Politikern gehören für mich zu den interessanteren Themen. Bei dem, was sie von sich geben, gerate ich oft ins Staunen. Kurz nachdem ich in der Nähe der Schule meiner Nichte in Kreuzberg am helllichten Tag sechs Drogenhändler offen dealen sah, behauptete doch ein sehr angenehmer, sympathischer Talkshow-Gast aus der Berliner Politik, dagegen seien schon längst Maßnahmen ergriffen worden und das Problem sei gelöst. Einen Monat später waren die Dealer immer noch da. Nun muss ich ab und zu nach Kreuzberg, um meine Nichte zu besuchen. Jemand in Zehlendorf z. B. würde aber denken: Problem gelöst! Von Bürgern in Stuttgart oder München wollen wir gar nicht erst reden. Zum Glück bin ich ja abgehärtet durch meine Zeit auf dem Teppichbazar Teherans, sonst würde ich mich darüber aufregen.

Bei bayerischen Politikern in Talkrunden fiel mir auf, dass sie sehr häufig, zu Recht, die Missstände der Berliner Verwaltung hervorheben. Es hat sich in ganz Deutschland herumgesprochen, wie katastrophal die Berliner Behörden arbeiten. Mit einem süffisanten Schmunzeln weisen die Bayern darauf hin, dass sie in München keine Berliner Verhältnisse wünschen. Die Berliner Politiker, sonst ja nicht gerade auf den Mund gefallen, können daraufhin nur verkrampft lächeln.

Ich kann nicht oft genug betonen, dass wir in Berlin *massiv* bauen müssen, um die Wohnungsnot und teure Mieten abzuschaffen. Das Bauen muss *bedarfsgerecht* erfolgen. Es nützt keinem, Wohnungen zu bauen, die für 10.000 €/m² verkauft werden. Das größte Hindernis, das diesem Ziel im Weg steht, ist die Berliner Verwaltung. Ohne eine konsequente Verwaltungsreform ist die Abschaffung der Missstände schier unmöglich. Dabei geht es nicht nur allein um das Bauen. Das Ummelden eines Autos z. B. dauert in Berlin ca. sechs Wochen, beim Ummelden des Wohnsitzes muss man Stunden bei den Ämtern verbringen, für einen Termin zum Heiraten benötigt man sogar sechs Monate! Da sind die Behörden in Timbuktu sogar besser. Wir reden hier von der Hauptstadt der größten Wirtschaftsnation Europas und nicht von einem verarmten Land der Sahelzone in Afrika.

Dabei hilft es nicht, einfach Personal aufzustocken. Die Verwaltungswege gleichen einem Labyrinth, die Digitalisierung kommt nicht voran, es gibt nicht weniger als sechs verschiedene EDV-Systeme in den Berliner Verwaltungen, es werden physisch Akten hin- und hergeschoben – wie in alten Zeiten.

Um Kosten zu sparen, wurde unter der Regierung von Klaus Wowereit Personal abgebaut. Da das Pensum jedoch gleich blieb, musste das verbliebene Personal mehr Arbeiten übernehmen. Das hatte die Überlastung der Mitarbeiter und hohe Krankenstände zur Folge. Die Fehlzeit der Berliner Beamten in 2014 betrug 33 Tage! In Bayern waren es nur 9,6. Wenn man nun noch 30 Urlaubstage, 10 Feiertage, Umschulungen, Fortbildungen und Betriebsausflüge hinzuzählt, kommt man in Berlin auf ca. 80 Arbeitstage, an denen nicht gearbeitet wird. Das alles darf man aber nicht den Beamten anlasten. Das System ist falsch! Die Verantwortung liegt beim Senat. Die Wege müssen effizienter werden. Eine Verwaltungsreform ist zwingend notwendig.

Zusätzlich zur Verwaltungsreform müssen auch einige Gesetze geändert werden. Wie in dem Kapitel „Streite, teile – und erreiche nichts" beschrieben, leidet aber Berlin an den gleichen Problemen wie der Bund. Doch haben hier die Bürger der Stadt die Möglichkeit, ihre Stimme geltend zu machen und Maßnahmen selbst einzuleiten.

In Berlin gibt es den Senat, der aus zehn Senatoren und Senatorinnen und einem Regierenden Bürgermeister besteht. Diesen unterstellt sind 25 Staatssekretäre, welche die Detailarbeiten erledigen.

Dann gibt es noch das Abgeordnetenhaus mit 160 Abgeordneten. Diese können Gesetzesentwürfe mit einfacher oder qualifizierter Mehrheit beschließen. Die Mechanismen zwischen den Parteien, die Koalitionsverhandlungen, das Feilschen usw., gleichen denen im Bundestag exakt.

Wenn die Berliner Bürger in einem wichtigen Anliegen (z. B. im Umweltschutz, bei der Verkehrsplanung, bei Bauvorhaben etc.) etwas gegen die Politik des Senats durchsetzen wollen, stehen ihnen folgende Wege offen:

1. Schritt – Volksinitiative
Die Initiative kommt zustande, wenn ihre Zulässigkeit geprüft und mindestens 20.000 gültige Unterstützungsunterschriften gesammelt worden sind. Danach findet eine Anhörung und Aussprache im Abgeordnetenhaus von Berlin statt. Übernimmt

das Abgeordnetenhaus das Begehren der Volksinitiative nicht, kann es zum 2. Schritt kommen.

2. Schritt – Volksbegehren

Hierbei sind viele Anforderungen zu erfüllen. Das Volksbegehren mit dem Ziel des Erlasses eines Gesetzes ist zustande gekommen, wenn ihm sieben von hundert aller Stimmberechtigten in Berlin zustimmen (derzeit zwischen 170.000 und 200.000 Stimmen). Ist dieses Quantum erreicht und das Abgeordnetenhaus übernimmt *nicht* das Begehren des Volksbegehrens kommt es zum Volksentscheid.

3. Schritt – Volksentscheid

Im Volksentscheid erfolgt die endgültige Abstimmung. Der Volksentscheid gilt als angenommen, wenn die Mehrheit der Teilnehmerinnen und Teilnehmer *und zugleich* mindestens ein Viertel der Stimmberechtigten (zur Zeit zwischen 650.000 und 700.000 Stimmen) zustimmt. Das Gesetz muss dann vom Regierenden Bürgermeister und ein Beschlussentwurf vom Präsidenten des Abgeordnetenhauses verkündet und umgesetzt werden.

Das Volk hat zumindest auf Landesebene viel mehr Macht, als viele denken. Alles, was man tun muss, ist unterschreiben – Bingo!

Dass es funktioniert, ließ sich am Beispiel Tempelhofer Feld verfolgen. Der damalige Senat wollte bauen, das Volk hat es verhindert. Leider wurde der Erfolg des Volksentscheids von den Gegnern Wowereits instrumentalisiert.

Dass Politiker aber auch dieses Instrument für eigene Ziele missbrauchen, ist bitter. Der Volksentscheid für den Weiterbetrieb des Flughafens Tegel ist ein Musterbeispiel dafür, wie ein Volksentscheid aus juristischen Gründen nicht umgesetzt werden konnte.

Es ist für unsere Betrachtung völlig unerheblich, ob es besser ist, Tegel zu schließen oder weiterzubetreiben. Der neue Flughafen, der hoffentlich bald fertig sein wird, hat drei Eigentümer:

1. den Bund
2. das Land Brandenburg
3. das Land Berlin

Es gibt einen Vertrag zwischen diesen drei Parteien. In dem Vertrag ist vereinbart, dass nach der Eröffnung von BER Tegel geschlossen wird. Es gab vertragliche Streitereien im Anschluss, aber es gibt ein Gerichtsurteil des Bundesgerichtshofs in Leipzig, der die Rechtsgültigkeit dieses Vertrages bestätigt hat.

Der Volksentscheid betraf ja nur das Land Berlin. Die Meinung Berlins zu dem Thema ist aber völlig irrelevant, wenn Brandenburg und der Bund nicht zustimmen (was sie nämlich nicht tun und auch vorher klar bekundet hatten). Eine Änderung des Vertrages ist nur rein theoretisch möglich und der Versuch hat keine Chance auf Erfolg. Die Initiatoren dieses Volksentscheids hatten wieder einmal Parteipolitik im Hinterkopf und haben die Zeit der Wähler verschwendet und die Politikverdrossenheit gefördert. Denn sehr wenige Menschen verstehen, warum das Volk etwas entscheidet und sich dann die Regierung nicht daran hält.

Den Interessierten empfehle ich zu recherchieren, wer denn die Initiatoren dieses Volksentscheids waren. Vergleichen Sie dann die Ergebnisse der letzten zwei Wahlen miteinander. Solch eine Initiative erzeugt enorme PR. Das kann sich in Wählerstimmen auszahlen. Ich komme nicht um den Verdacht herum, dass diese Motivation das Engagement maßgeblich beeinflusst hat.

Wir müssen also leider auch bei Initiativen vorsichtig sein und uns mit den Details befassen. Wir sollten uns die einzelnen Positionen anschauen und versuchen, die Hintergründe zu verstehen. Es laufen ja verschiedene Initiativen in Berlin. Ein Beispiel wollen wir näher betrachten: die Initiative, die Deutsche Wohnen zu enteignen. Siehe Anhang.

Ich habe Berlin nur als Beispiel genommen, um es einfach zu halten, und weil wir genau die aufgezeigten Schritte in unserer Kampagne umsetzen wollen.

Ich träume davon, dass unsere Berliner Politiker in absehbarer Zeit in den Talkrunden ihren bayerischen Kollegen entgegentreten können und sehr sachlich, ohne süffisantes Lächeln, antworten: „Ja, Sie hatten Recht mit der Berliner Verwaltung, aber wir haben gelernt und das System reformiert. Was aber die hohen Mieten betrifft, so möchten wir in Berlin keine Münchener Verhältnisse. Wir werden teure Mieten abschaffen und hoffen, dass Sie unserem Beispiel folgen."

Ich hoffe, liebe Leserinnen und Leser, dass die Abschaffung teurer Mieten auch Ihr Traum und Ziel wird – ein Traum, der sich verwirklichen lässt. Nehmen Sie sich ein wenig Zeit, um den neugegründeten Verein „Erste Sahne e. V." zu unterstützen. Der Verein ist nämlich wichtig, damit den Worten endlich Taten folgen und die Mieten dauerhaft gesenkt werden können.

Kapitel 15
Erste Sahne e. V. – los geht's!

Es ist besser, Geld zu verdienen, als es sich zu lei-hen oder darum zu betteln. K. Oud

Wir kommen zurück zu der Frage, was Sahne mit bezahlbarem Wohnraum zu tun hat.

Erste Sahne klingt anders, ungewohnt, so wie auch unsere Kampagne anders sein wird. Das ist mir wirklich wichtig. Noch ein unkreatives Namensgebilde mit drei oder vier Buchstaben, die keiner versteht, wie z. B. BGTM, VBW, LMA o. Ä. (erraten Sie mal, was diese Kürzel bedeuten könnten – der erste, der uns die Lösung mailt, bekommt eine Riesenschachtel leckere Marzipan-Pralinen geschenkt: buch@erste-sahne.berlin), hätte gegen meine Berufsehre verstoßen. *Erste Sahne* klingt positiv. Es gibt genügend Probleme im Leben. Wir müssen versuchen, die Dinge positiv zu sehen. Das gibt uns Kraft, Probleme zu lö-sen. Viele zeigen beim ersten Mal, wenn sie *Erste Sahne* hören, ein Lächeln – das genügt.

Leider wird ja in unserer heutigen Zeit viel zu viel geredet und zu wenig getan. Früher kamen die Ideen und die Impulse für Änderungen von Denkern und Philosophen. Andere haben dann diese Ideen umgesetzt. Heute ist das nahezu komplett verloren gegangen. Viele Versuche, Dinge zu verbessern, en-den im Labyrinth der Politik. Es gibt kaum Themen, um die nicht gestritten wird.

Ich wollte mich auf keinen Fall mit meinem Buch in die Rie-ge der Autoren einreihen, die zwar gute Lösungsvorschläge anbieten, die dann aber kaum umgesetzt werden. Mir ist klar:

Ich allein werde gar nichts erreichen. Es gibt nur einen Weg, den Worten Taten folgen zu lassen, und der führt dorthin, eine genügend große Anzahl von Menschen zusammenzubringen, um mit einer Stimme zu sprechen. In der Vergangenheit haben Herrscher schon immer erkannt, dass der beste Weg, ein Volk zu beherrschen, die Teilung des Volkes ist. Das Motto der Römer „Teile und herrsche" müssen wir umkehren in „Einige, um dich nicht beherrschen zu lassen". Die Politik muss endlich das tun, was die Mehrheit des Volkes verlangt und nicht das, was die Parteidoktrin vorgibt.

Beim Thema bezahlbarer Wohnraum ist es eindeutig, was die Mehrheit des Volkes will. Den Parteien gelingt es jedoch, das Volk mit ihren widersprüchlichen Aussagen zu verwirren. Im Kapitel „Berliner Modell" habe ich die Mechanismen ausführlich beschrieben. Die Folgen sind Polarisierung und noch schlimmer: Politikverdrossenheit. Irgendwann haben viele die Schnauze voll und resignieren. Die größte Gruppe der Wahlberechtigten in Berlin sind inzwischen mit Abstand die Nichtwähler. Diese Entwicklung aber, ist genau der falsche Weg.

Um möglichst viele Stimmen zusammenzuführen, habe ich den gemeinnützigen Verein *Erste Sahne e. V.* gegründet. Dieser Verein hat zwei Ziele:

1. Druck auf die Politik auszuüben, die erforderlichen Maßnahmen für bezahlbaren Wohnraum durchzusetzen.
2. Geld zu sammeln für den Kauf und die Entwicklung von Immobilien durch Stiftungen, um die Mieten zu stabilisieren und sogar teilweise zu senken.

Die Wege, Druck auf die Politik auf Landesebene auszuüben, habe ich in dem Kapitel „Das Berliner Modell" beschrieben. Auf Bundesebene können wir uns Gehör verschaffen, wenn so viele Mitbürger wie möglich mit einer Stimme sprechen. Es ist essenziell, dass wir so viele Stimmen wie möglich zusammenbringen.

Sämtliche Gewinne aus dem Verkauf dieses Buches gehen in die Vereinskasse. Damit finanzieren wir die Kampagne zur Schaffung von bezahlbarem Wohnraum. Die Verkäufe sind wichtig und wir benutzen verschiedene Vertriebswege. Beim Online-Vertrieb ist dieses Buch aber eine Ausnahmeerscheinung: Es ist auf Amazon nicht zu finden!

Amazon beherrscht bereits 45 % des Online-Handels für Bücher in Deutschland. Diese Marktmacht ermöglicht dieser Firma die Bedingungen zu diktieren. So nehmen sie wesentlich mehr Marge als alle anderen Online-Händler und es bleibt wenig Geld übrig für die Autoren. In den USA nimmt Amazon sogar noch wesentlich mehr als in Deutschland. Der Grund dafür liegt in der klassischen Vorgehensweise von Monopolisten. Solange noch Konkurrenten existieren wird alles daran gesetzt, diese zu vernichten. Dabei nimmt man kurzfristige Verlustgeschäfte in Kauf. „Freie Dienste" werden Angeboten, um Kunden zu binden. Preise werden unterboten. Ist dann eines Tages die Marktmacht so groß, dass man keine Konkurrenz befürchten muss, werden die Kunden ausgesaugt. Da die USA in vielen Dingen der Vorreiter sind, kann man schon die Zukunft in Deutschland kommen sehen. Sobald Amazon genügend Marktmacht hat, indem die kleineren Händler noch weiter verdrängt werden, werden auch hier die Gebühren, die Amazon nimmt, weiter steigen. Der Hohn ist, dass eine Firma, die 2018 zehn Milliarden US-Dollar Gewinn erwirtschaftet hat, alle legalen Steuertricks nutzt, um in Deutschland Steuern zu vermeiden. Die Politik versagt, wie üblich, und tut nichts dagegen. Wir Konsumenten sind die letzte Hoffnung.

Ich weiß ja, es ist wirklich bequem, bei Amazon einzukaufen, und häufig spart man Geld. Aber bei Büchern gibt es überhaupt keinen Preisvorteil wegen der deutschen Buchpreisbindung. Es gibt gute Alternativen nur einen Mausklick entfernt. Geben Sie einfach „neue Bücher online kaufen" in Ihre Suchmaske ein. Kaufen Sie Ihre Bücher bei Firmen, die fair handeln und keine

Steuern vermeiden und helfen Sie mit zu verhindern, dass es eines Tages nur noch einen einzigen Online-Händler gibt. Ich mache den ersten Schritt: Mein Buch ist bei Amazon nicht erhältlich!

Die benötigten Gelder werden aber nicht nur durch den Verkauf des Buches und die freiwilligen Mitgliedsbeiträge eingenommen, sondern auch durch die Erlöse des Verkaufs von Merchandising-Produkten, durch Konzertveranstaltungen und durch Spenden. Produkte zu entwickeln und zu verkaufen, ist meine Spezialität. Die Palette reicht von unserem leckeren Wohn-Taler aus köstlichem Marzipan und hochwertiger Schokolade, bis zum Luxus-Toilettenpapier aus edlem Okamoto-Papier. Geschenke werden immer gebraucht, und warum sollte man nicht zugleich etwas Gemeinnütziges tun? Konzerte fangen bei Rappern an und hören bei Opernsängern auf. So findet jeder etwas für seinen Geschmack. Nichts ist schöner, als wenn man Spaß hat und auch noch etwas Gutes tut. Spenden werden projektbezogen sein und finden schon bei wenigen Euro sinnvolle Verwendung.

Die so gesammelten Gelder werden als Darlehen gemeinnützigen Stiftungen übergeben. Im vorigen Kapitel habe ich dargestellt, wie der Weg über gemeinnützige Stiftungen helfen kann, die Wohnungsnot zu lindern. Je mehr Geld zur Verfügung steht, desto mehr Immobilien können die Stiftungen kaufen, um die Mieten zu stabilisieren bzw. teilweise zu senken. Wie mehrfach erwähnt, kommen die Darlehen in Raten wieder zurück. Es entsteht ein Perpetuum mobile des Geldes. Die ausgezahlten Darlehen kehren immer wieder zurück und können neu vergeben werden. Der Verein selbst darf nicht zum Immobilienbesitzer und -entwickler werden. Dafür sind gemeinnützige Stiftungen besser geeignet. Das Ziel muss auch sein, viele kleinere Stiftungen ins Leben zu rufen, anstatt eine gigantisch große, denn mit zunehmender Größe bilden sich Konzernstrukturen heraus, die zu Politik, Filz und Ineffizienz führen.

Die Gelder aus den freiwilligen Mitgliedsbeiträgen decken die Kosten. Somit ist der Verein finanziell unabhängig und muss nicht um Spenden betteln, um zu überleben. Zusätzliches Geld wird verdient. Wie mein engster Freund in Thailand, K. Oud, schon immer sagte: „Geld zu verdienen ist besser, als es sich zu leihen oder darum zu betteln." Eingehende Spenden werden für die Finanzierungen von Immobilienkäufen genutzt. Es werden keine Verbindungen zu irgendeiner politischen Partei bestehen. Dadurch ist der Verein in der Lage, objektiv und sachlich die Fakten darzustellen, um den Bürgern zu ermöglichen, die Dinge so zu sehen, wie sie sind und nicht so, wie Interessengruppen sie darstellen, um eigene Ziele zu verfolgen.

Die Mitglieder können online verfolgen, was mit den Geldern geschieht. Jährlich bekommen die Mitglieder von einem vereidigten Buchprüfer Prüfungsberichte über das abgelaufene Jahr. Transparenz ist unser oberstes Motto. Vereinsautos sind verboten. So vermeiden wir, dass in ferner Zukunft ein Vorstandsmitglied mit einem Ferrari als Dienstwagen herumkutschiert. Filz und persönliche Bereicherung werden beim *Erste Sahne e. V.* keine Chance haben.

Eine Mitgliedschaft im Verein kostet nichts. Für die Interessierten bieten wir eine Plattform an, sich zu informieren. Jeder kann bestimmen, wie detailliert er informiert werden möchte. Im Extremfall brauchen wir nur einmal im Jahr Ihre Unterschrift, um der Stimme des Vereins Gewicht zu verleihen.

Selbst für Spekulanten lohnt sich die Mitgliedschaft. Sie können dann in Erfahrung bringen, was der Verein vorhat, um sie an den Hammelbeinen zu nehmen und können so Gegenmaßnahmen einleiten. Ihre Identität brauchen sie auch nicht preiszugeben, denn es gibt ja die Möglichkeit, Strohmänner einzusetzen. Wie so etwas geht, wissen sie ja bestens.

Wir werden auch die Möglichkeiten nutzen, die das Internet bietet und über wichtige Fragen abstimmen. Endlich kommt dann der Wille der Mehrheit klipp und klar zur Geltung. Man muss nicht mehr im Paket kaufen, wie bei den politischen Parteien, wo man notgedrungen auch die Punkte akzeptieren muss, die man absolut nicht mag. Das wäre ein gutes Beispiel dafür, wie Demokratie funktionieren sollte.

Das Schicksal liegt in unseren Händen. Ich würde mich freuen, liebe Leserrinnen und Leser, wenn Sie der Aktion eine Chance geben und Mitglied im Verein *Erste Sahne e. V.* werden. Spaß werden Sie dabei auch haben, das verspreche ich. Schon zu Schulzeiten waren meine Partys legendär. :-)

Kapitel 16
Der Weg zum Paradies – Gemeinnützigkeit

Nichts ist mächtiger als eine Idee zur richtigen Zeit.
Victor Hugo

Wie bereits beschrieben, hat unser System der freien Marktwirtschaft große Schwächen. Jedoch hat sich bis heute noch keine bessere Alternative entwickelt. Wir können dem Markt aber nicht in jedem Segment völlig unkontrolliert freien Lauf lassen. Nahrung und Wohnraum stehen dabei an allererster Stelle und sollten mit höchster Priorität behandelt werden.

Die Spekulation mit Nahrungsmitteln ist eine der größten Schanden unserer Welt. An den Terminbörsen wird mit Grundnahrungsmitteln wie im Casino gezockt. Milliarden wandern in die Taschen weniger Spekulanten. Millionen von Menschen müssen hungern. Eine Kampagne zur Änderung dieser inakzeptablen Missstände wäre für mich drei Nummern zu groß und ist nicht Thema dieses Buches.

Wohnraum hat fast eine so hohe Priorität wie Nahrungsmittel. Ein Dach über dem Kopf kommt in seiner Bedeutung gleich nach Essen und Trinken. Wohnraum ist zu wichtig, als dass er den Märkten frei überlassen werden darf.

Der Wohnungsmarkt muss reguliert werden. Ich habe ein Bündel von Maßnahmen vorgeschlagen und in den vergangenen Kapiteln beschrieben. Hier ist die Politik gefragt. Leider lehren uns aber die Vergangenheit – und das Kapitel „Der Kampf des Jahrhunderts" – dass wir uns nicht immer auf die Politik verlassen können.

Daher habe ich lange überlegt, wie man sein Schicksal in die eigenen Hände nehmen kann, anstatt Politikern hinterherzulaufen und um Lösungen zu betteln. Nach langem Überlegen kam ich auf die Kernlösung: private, gemeinnützige Stiftungen. Für die Schaffung von bezahlbarem Wohnraum durch gemeinnützige Stiftungen müssen keine Gesetze geändert werden. Wir entziehen die Immobilien selbst dem Markt. Dies hat den Vorteil, dass wir zum einen nicht untätig zusehen und zum anderen der Staat sich hier dann auch nicht mehr einmischen kann.

Denn würde der Staat die Immobilien dem Markt entziehen, wäre das riskant:

- Politiker haben zweifelsohne herausragende Fähigkeiten. Die weitaus größte Mehrheit der Bevölkerung kann nicht annähernd leisten, was gute Politiker vermögen. Was aber eindeutig nicht zu ihren Stärken gehört, ist die Entwicklung und Verwaltung von Immobilien. Das können Privatunternehmer deutlich besser. Beispiele zu nennen scheint mir hier entbehrlich, obwohl es einen immer wieder reizt die Elbphilharmonie in Hamburg oder den neuen Berliner Flughafen zu erwähnen.
- Auch städtische Wohnungsgesellschaften scheinen keine gute Alternative zu sein. Sie dürfen auf Gewinne nicht verzichten! Wenn die Städte Geld benötigen, um ihre Haushaltslöcher zu stopfen, wird an den Mieten geschraubt. Die Politik kann nicht widerstehen, auf diese Firmen Einfluss zu nehmen. Die Ernennung der Geschäftsführer hängt häufig mehr von den Beziehungen zu den Entscheidungsträgern ab als von der Qualifikation der Kandidaten.
- Es kann irgendwann in der Zukunft wieder einmal Geld in der Kasse fehlen, und dann würde der Staat erneut an den Verkauf dieser Immobilie denken. Das wäre ja nicht das erste Mal.

Deshalb mein Vorschlag:

Private, gemeinnützige Stiftungen sind hier wesentlich erfolgversprechender. Kaufleute können Immobilien besser und günstiger entwickeln und verwalten als der Staat. Ihr Nachteil ist, dass sie gewinnorientiert arbeiten müssen. Es gibt aber genügend Kaufleute, die sich sozial engagieren. Diese könnten gemeinnützige Stiftungen gründen. Der Zweck solch einer Stiftung ist es nicht, Gewinne zu erwirtschaften, sondern etwas Gemeinnütziges zu schaffen. Es gibt kein „Shareholder Value". Es rufen also keine Aktionäre nach immer höheren Gewinnen. Eine Stiftung unterscheidet sich in einem zentralen Punkt von allen anderen Rechtsformen, die das deutsche Recht zur Verfügung stellt: Sie hat keine Eigentümer, keine Anteilseigner. Ein Verein hat Mitglieder, eine AG Aktionäre, eine GmbH hat Gesellschafter, eine Sache hat Eigentümer. Eine Stiftung hat dies alles nicht, sie gehört niemandem. Die Stiftung gehört „sich selbst". Sie ist eine verselbstständigte Vermögensmasse, die von den Stiftungsorganen verwaltet wird.

In der Praxis funktioniert dies wie folgt: Der Stifter kann eine Privatperson aber auch eine juristische Person sein, wie z. B. ein Unternehmen, eine Stadt oder ein Verein. Er gibt der Stiftung Vermögen in Form eines Geldbetrages, von Wertpapieren oder auch einer Immobilie. Dieses Vermögen widmet er einem bestimmten Zweck – dem Stiftungszweck. Ferner stellt der Stifter die „Spielregeln" der Stiftung auf, gibt der Stiftung also eine Satzung. In der Stiftungssatzung bestimmt er u. a. den Zweck der Stiftung, nennt Vorgaben zur Erfüllung der Stiftungszwecke und stellt Regeln zu den Stiftungsorganen und der Entscheidungsfindung in der Stiftung auf.

Einzig zwingendes Organ ist der Stiftungsvorstand, der aus einer oder mehreren Personen bestehen kann. Diese Personen managen die Stiftung. Sofern der Stifter es verlangt, kann er zur Überwachung oder Beratung des Vorstands weitere Stiftungsgremien bestimmen, z. B. ein Kuratorium, einen Aufsichtsrat oder Beirat. Diese Gremien kontrollieren die Arbeiten des Vorstands.

Eine Stiftung hat also einerseits eine sehr schlanke Entscheidungsstruktur. Andererseits ist sie „auf ewig" angelegt. Denn die Stiftungsorgane sind dem bei der Stiftungsgründung niedergelegten Willen des Stifters verpflichtet und haben ihn über dessen Tod hinaus zu befolgen. Die Stiftungszwecke sind grundsätzlich unabänderlich. Auch der Stifter selbst hat keinerlei Eigentumsrechte an der Stiftung. Wie gesagt: Eine Stiftung gehört niemandem, auch nicht dem Stifter. Nach der Stiftungsgründung kann der Stifter das Rad bei einer gemeinnützigen Stiftung auch nicht mehr ohne Weiteres zurückdrehen. Da ihm die Stiftung nicht gehört, kann er sie auch nicht nach seinem freien Willen wieder auflösen oder die Stiftungszwecke verändern. Mit seiner Entscheidung zu einer gemeinnützigen Stiftungsgründung hat er sich unwiderruflich entschieden, die der Stiftung zugewendeten Vermögensteile dauerhaft dem Gemeinwohl zu widmen.

Da eine Stiftung keine Mitglieder, Anteilseigner oder Gesellschafter hat, kann sie auch nicht veräußert oder übertragen werden. Der Einstieg fremder „Gesellschafter", Mitglieder oder Investoren ist in der herkömmlichen Form nicht möglich. Natürlich ist jeder eingeladen, durch Spenden oder Zustiftungen die gemeinnützigen Zwecke mit zu unterstützen. Die Spender oder Zustifter erwerben hierdurch allerdings keine Rechte an der Stiftung. Stiften und Spenden ist also Selbstlosigkeit pur.
Als eine für die Ewigkeit bestimmte Rechtsform unterliegt die Stiftung darüber hinaus dem sogenannten Grundsatz der Kapitalerhaltung. Das Stiftungsvermögen darf nicht verbraucht, sondern muss dauerhaft für die Stiftungszwecke erhalten werden. Hält die Stiftung also Immobilienvermögen zu einem gemeinnützigen Stiftungszweck, dann muss dieses Stiftungsvermögen auch für diese Zwecke erhalten bleiben. Wer also

dauerhaft bezahlbaren Wohnraum erhalten will, kann dies mit der Rechtsform Stiftung idealerweise gewährleisten: Der Stifter überträgt Immobilien mit der Maßgabe, diese dauerhaft für bezahlbaren Wohnraum zu nutzen. Trifft er die erforderlichen Vorgaben in der Stiftungssatzung, muss dieses Immobilienvermögen auch noch in hundert Jahren und länger zu diesem Zweck eingesetzt werden.

Es gibt darüber hinaus eine behördliche Aufsicht, die Stiftungsbehörde, die die Ewigkeit des Stifterwillens und der Stiftung selbst sicherstellt. Die Stiftungsbehörde wacht darüber, dass die Vorgaben des Stifters auch noch weit über dessen Tod hinaus befolgt werden. Sie holt mindestens einmal im Jahr einen Jahresbericht über die Entwicklung des Stiftungsvermögens und die Erfüllung der Stiftungszwecke ein. Sie prüft, ob die Stiftungsorgane ihre Pflicht tun und nicht von den Vorgaben des Stifters abweichen. Stellt sie Verstöße fest, greift sie korrigierend ein und kann im Extremfall sogar die Stiftungsorgane abberufen, wenn sie den Stiftungszwecken zuwiderhandeln.

Bei einer gemeinnützigen Stiftung gibt es schließlich noch eine weitere „Aufsichtsbehörde": das Finanzamt. Die Finanzbehörde überwacht, ob die Vorschriften der Gemeinnützigkeit eingehalten werden. Auch dieser Behörde gegenüber muss die Stiftung regelmäßig Rechenschaft darüber ablegen,
- ob die gemeinnützigen Zwecke erfüllt sind,
- niemand durch zweckwidrige Ausgaben einen unangemessenen Vorteil erhalten hat,
- die Stiftungserträge für die gemeinnützigen Zwecke eingesetzt wurden.

Definiert eine Stiftung in ihrer Satzung, dass der Verkauf der erworbenen Immobilien nicht erlaubt ist, bleibt diese für immer und ewig in ihrem Besitz und darf nicht verkauft werden. Auch die Wertsteigerung der Stiftungsimmobilien ist in der Folge völlig belanglos. Die Mieten brauchen nie wieder zu steigen – lässt man die Inflation mal außen vor.

Die Stiftung selbst wird quasi der Immobilienbesitzer – und der darf dann laut Satzung keine Profitabsichten haben. Die Projektentwickler der Immobilien müssen erfahrene Firmen sein, die natürlich ihre angemessene Rendite erwirtschaften dürfen. Ich verweise nochmals auf das Kapitel „Wie werde ich Millionär ohne Günther Jauch?". Ersetzen Sie in den Berechnungen den Nutznießer „Hamid Djadda" durch „Gemeinnützige Stiftung". Das Prinzip ist gleich, aber der Nutzer denkt gemeinnützig.

Um das darzulegen, haben wir, in Zusammenarbeit mit der OHDE Stiftung in Berlin, einen Präzedenzfall geschaffen. In der Albestraße 19 in Berlin-Friedenau stand ein 79-jähriger Glasermeister vor dem Ruin. Über vierzig Jahre hatte er in einem kleinen Gewerberaum, in einem wunderschönen denkmalgeschützten Gebäude aus der Gründerzeit, per Hand Bilderrahmen hergestellt und konnte so seine Familie ernähren. Sein Geschäft war eine willkommene Abwechslung im Straßenbild, ein Stück gute, alte Zeit. Im Kiez war er beliebt. Jeden Monat hatte er seine Miete pünktlich bezahlt. Ein Investor hatte das Gebäude gekauft und die Wohnungen umgewandelt in Eigentumswohnungen. Dem Glaser wurde gekündigt. Schlaflose Nächte folgten, denn er konnte natürlich keine neuen Räume zu bezahlbaren Mieten finden.

Nun stelle man sich das einmal vor: im hohen Alter Jahren verliert jemand seine Existenz. Er ist doppelt gestraft, denn wenn jemand aus seiner Wohnung verdrängt wird und die neue Miete nicht zahlen kann, dann bekommt er Hilfe vom Staat. Ein Handwerker, Gastronom, Kleinhändler usw. bekommt aber gar nichts! Diese Leute stehen auf der Straße, denn wenn sie keine Einnahmen haben, können sie sich auch ihre Wohnung nicht leisten. Tausenden von Menschen ist genau das in den vergangenen Jahren passiert. Dass hier der Staat noch nicht eingegriffen hat, ist skandalös. Es muss endlich etwas passieren.

Ich nahm Kontakt zu dem Investor aus dem Rheinland auf, ein äußerst sympathischer, vernünftiger Zeitgenosse. Bevor jemand sich aufregt, warum Wohnungen, die über ein Jahrhundert zur Miete standen, in Luxus-Eigentumswohnungen umgewandelt wurden, möchte ich noch einmal darauf hinweisen, dass die vom Staat geschaffenen Rahmenbedingungen dafür verantwortlich sind. Man kann keinem seriösen Investor einen Vorwurf machen, wenn er die Möglichkeiten, die der Staat ihm bietet, nicht auch für seine Zwecke nutzt. Der eigentliche Skandal ist, dass die Umwandlungen von Mietwohnungen in Eigentumswohnungen schon seit Jahren zur Wohnungsnot beitragen und keine Bundesregierung sich jemals darüber Gedanken gemacht hat, hier etwas zu ändern. In diesem Fall hatten wir Glück, dass der Investor keine Heuschrecke aus New York war.

Mit Rheinländern zu verhandeln ist wesentlich angenehmer als mit Investment Bankern aus den USA. Der Besitzer gab einen erheblichen Preisnachlass. Hätte er gepokert, wäre bestimmt ein Kunde gekommen, der seine Preisforderung erfüllt hätte. Wir haben ja momentan einen großen Wohnungsmangel und für manche Menschen ist der Preis egal.

Die Krönung war der Makler. Er setzte sich tatsächlich mit dem Herzen dafür ein, dass der alte Mann sein Geschäft behalten konnte. Er reduzierte seine Courtage und überzeugte den Verkäufer, diese Courtage zu zahlen! Dadurch reduzierten sich die Nebenkosten des Erwerbs erheblich. An dieser Stelle ein Dankeschön an Herrn Hickstein.

Die OHDE Stiftung gewährte dem Mieter einen, meines Wissens nach, in Deutschland einmaligen Mietvertrag. Er durfte auf Lebenszeit die Räume nutzen und das auch noch zur selben Miete! Es wurde lediglich ein Inflationsausgleich eingebaut, denn mit der Inflation steigen ja auch die Preise. Der Mieter muss sich nie wieder Sorgen machen.

Das schönste an diesem Projekt ist: *Es kostet nichts!* Die OHDE Stiftung bekam für den Kauf der Immobilie ein zinsloses Darlehen. Von der Netto-Miete werden 25 % als Reserve einbehalten für künftige Modernisierungen und Instandhaltungen. Das verbleibende Geld dient der Rückzahlung des Darlehens. Voilà!

Wenn meine heute 18-jährige Tochter Großmutter sein wird, ist das Darlehen komplett abgezahlt. Die Immobilie ist dann schuldenfrei im Besitz der Stiftung! Zu der Zeit bin ich zwar in den ewigen Jagdgründen, aber meine Enkel können sich freuen, dass ihr Großvater diese Immobilie dem Markt entzogen hat und dadurch eine Familie gerettet wurde. Sollten meine Enkel dann Großeltern werden, werden sie sehen, dass diese Immobilie noch immer für einen guten Zweck eingesetzt werden kann. Von meinem Großvater kann ich lediglich berichten, dass er nur ein einziges Ziel in seinem Leben verfolgte und fünf Mal verheiratet war und über die Zeit 15 Freundinnen hatte, und das im konservativen Iran.

Was der Erste-Sahne-Verein und die OHDE Stiftung hier getan haben, lässt sich beliebig wiederholen. Mieten müssten nie wieder steigen. Das wäre fast wie im Paradies. Sie könnten sogar sinken, sobald der Kredit abbezahlt ist. Zur Vermeidung von Extremen sollte man allerdings eine an die Inflationsrate gekoppelte Erhöhung einsetzen. Zu günstig dürfen die Mieten auch nicht werden, denn sonst wird ab einer gewissen Größenordnung des Projektes der urbane Raum überrannt und die Landflucht noch verstärkt. Überschüsse sollte man für den Kauf weiterer Wohnimmobilien nutzen.

Was hier im Kleinen klappt, wird auch im Großen funktionieren. Es müssen sich nur so viele Menschen wie möglich beteiligen! Und jeder kann zu dieser Vision etwas beitragen: Gut Betuchte könnten dann sogar auch eine eigene Stiftung mit einem Darlehen ins Leben rufen. Weniger Vermögende könnten an einer Crowdfunding-Kampagne teilnehmen und gemeinsam mit anderen eine Stiftung gründen. Immobilienverkäufer könnten den Verkauf an gemeinnützige Stiftungen vorziehen. Immobilienbesitzer ohne Nachfolger haben die Möglichkeit der Überlassung an Stiftungen. Die Menschen ohne Vermögen könnten etwas von ihrer Zeit einbringen und bei den erforderlichen Arbeiten helfen.

Der „große Fisch" ist aber der Staat. Wenn der kleine Verein *Erste Sahne e. V.* für einen guten Zweck Geld verleihen kann, nämlich für die Ewigkeit günstige Mieten zu schaffen, wie viel könnte dann das Land Berlin verleihen und wie viel gar die Bundesrepublik Deutschland? Auch für den Staat hätte dieses Verfahren riesige Vorteile: Er gibt nämlich kein Geld aus. Er vergibt ein Darlehen. Das ist ein großer Unterschied. Das eine sind Kosten, das andere ist Vermögen. Das Darlehen wird ja zurückgezahlt. Der Staat würde auf diesem Wege sogar Geld sparen! Durch die Senkung der Mieten entfällt nämlich die Unterstützung der Mieter durch den Staat mittels Wohngeld – dauerhaft!

Aber damit sind wir noch nicht am Ende angekommen. Es gilt noch ein weiteres Problem zu lösen, das dauerhaft günstige Mieten mit sich bringen. Die Stadt Wien gilt als Musterbeispiel, wenn es um die Lösung des Problems der teuren Mieten geht. Leider ist die Situation beim Blick hinter die Kulisse nicht ganz so rosig, wie oft dargestellt wird. Hat jemand nämlich eine günstige Wohnung ergattert, gibt er sie nicht mehr her. Nehmen wir als Beispiel eine junge Person nach der Ausbildung oder dem Studium, die noch nicht viel Geld verdient. Eine günstige Wohnung ist hier sehr hilfreich. Nach vielen Jahren aber hat die Person beruflich Karriere gemacht und ist Spitzenverdiener. Er oder sie ist nun auch verheiratet. Das Doppelverdiener-Ehepaar verdient nun viel Geld, zahlt aber noch immer die sehr günstige Miete. Wenn die Wohnung zu klein wird, zieht das Paar aus und überlässt sie anderen zur Untermiete. Das ist eine Fehlbelegung und nicht gerecht.

Hier ist die Lösung recht einfach: Die gemeinnützige Stiftung schließt Mietverträge mit einem marktüblichen Mietzins ab. Die Differenz zur günstigen Miete wird so lange gestundet, bis sich die Einkommensverhältnisse stark verbessern. Alle fünf Jahre muss eine Prüfung der Einkommensverhältnisse durch einen vereidigten Sachverständigen stattfinden. Damit hält sich der administrative Aufwand in Grenzen. Sobald es sich der Mieter wirklich bequem leisten kann eine marktübliche Miete zu zahlen, soll er auch mehr bezahlen. Vergessen wir nicht, dass die Stiftung keine Gewinne erwirtschaften darf. Die Mehreinnahmen werden zum Teil als Reserve für die Mieter angelegt, deren Einkommensverhältnisse sich verschlechtern! Sie müssen sich nur vorstellen, dass etwa eine rechtschaffene Person den Arbeitsplatz verliert oder infolge eines Unfalls nicht mehr arbeiten kann. Diese Menschen sind doppelt gestraft, wenn sie auch noch ihre Wohnung nicht mehr bezahlen können. Die Stiftung könnte in solchen Fällen helfen und die Miete für einen limitierten Zeitraum reduzieren.

Gemeinnützige private Stiftungen stellen eine Win-win-Situation her. Wir würden unseren überlasteten Politikern eine große Bürde abnehmen. Es gibt für sie ja noch genügend andere Baustellen: Die Ausländerpolitik ist eine Katastrophe, das Bildungswesen muss dringend modernisiert werden, das Gesundheitswesen ist verbesserungswürdig und vieles mehr. Bei diesen Themen können die Parteien sich ja weiter streiten. Die Immobilienwirtschaft würde einen Boom erleben. Die Wohnungssuchenden hätten endlich wieder bezahlbaren Wohnraum und die Mieter dauerhaft günstige Mieten.

Zum Glück lässt sich das Problem des Mangels an bezahlbarem Wohnraum allein mit Geld und gutem Management lösen.

Das ist weitaus einfacher als Probleme mit der Gesundheit oder in der Liebe lösen zu müssen.

Wir Deutschen tendieren bekanntlich häufig zur Skepsis. Das Wort „Bedenkenträger" gibt es auf der Welt, die rund 6.500 gesprochene Sprachen zu bieten hat, nur in unserer Sprache. Wir kennen den Teufelskreis, englisch „vicious circle", lateinisch „Circulus vitiosus". Aber für die positive Version „virtuous circle" bzw. „Circulus virtuosus" gibt es keine deutsche Übersetzung! Das sollte man sofort ändern. Lassen Sie uns einen Paradieskreis schaffen!

Ein Paradieskreis ist ein positiver Teufelskreis. Wir schaffen etwas Gutes und verbessern die Lage vieler Menschen. Dadurch können diese Menschen weitere Dinge und die Lage anderer Menschen verbessern. Das wäre ein Paradieskreis. Wir brauchen dieses neue deutsche Wort (Duden, bitte notieren) und die positive Grundhaltung, die mit dem Wort kommt.

Der Weg zu diesem Paradies ist nicht weit. Wir müssen ihn nur beschreiten. Hindernisse sollten uns nicht abschrecken. Es lohnt sich für dieses Ziel zu kämpfen. Wie Bertolt Brecht treffend sagte: „Wer nicht kämpft, hat schon verloren!"

Kapitel 17
Wie kann man nur so blöd sein, Geld zu verschenken?

Wer glaubt, dass Geld allein glücklich macht, hat noch nie Geld gehabt.   Michael Bloomberg

Geld macht nicht glücklich. Kein Geld macht unglücklich.   K. Oud

K. Oud ist mein engster Freund und Berater. Keiner kennt mich so gut wie er. K. Oud ist 60 Jahre alt. Er hat das flexible Gehirn eines 30-Jährigen, den fitten Körper eines 40-Jährigen und die Weisheit eines 80-Jährigen. Eine seiner besten Weisheiten lautet: „Es gibt nur zwei Orte, wo alle Menschen wirklich gleich sind: den Kampfsportclub und das Leichenschauhaus."

Sein Urteil über Kampfsportclubs kann ich aus eigener Erfahrung bestätigen, denn ich trainiere seit elf Jahren Thai-Boxen. Im Club sehen tatsächlich alle gleich aus. Erst beim Abschied auf dem Parkplatz kann man anhand der Autos erkennen, wer reich ist und wer arm. Um K. Ouds These zu überprüfen, habe ich ein Leichenschauhaus besucht. Man sieht ja dort auch seine eigene Zukunft. Mit einer Wahrscheinlichkeit von 99,9 % wird jeder von uns auch dort landen. Ich habe die geringe Wahrscheinlichkeit mit berücksichtigt, dass man auch Opfer eines Flugzeugabsturzes sein kann, bei dem das Flugzeug spurlos verschwindet, wie vor einigen Jahren bei dem Flug MH 370 der Malaysia Airlines. In diesem Fall landet man wahrscheinlich im Magen eines Hais, aber ich empfehle, über diese Möglichkeit nicht nachzudenken.

Es ist schon ein seltsames Gefühl, den Saal zu betreten. Die Leichen sind auf Blechen gelagert und liegen einzeln in Kühlkammern. Die Temperatur beträgt 6–7 °C, um eine Verwesung zu verhindern. Bei der Temperatur sind die leblosen Körper noch beweglich, was für den Weitertransport zum endgültigen Ziel wichtig ist. Umhüllt sind die Körper mit weißen Tüchern, die innen aus Plastik sind und außen aus weichem Material. So kann die Restfeuchtigkeit von innen nicht austreten und von außen hat man eine Grifffestigkeit. Die Tücher selbst waren blank ohne jegliche Markennamen. Jede Leiche war tatsächlich gleich bedeckt. Ich fragte den Manager, ob jemals jemand darauf bestanden hatte, Schmuck oder Uhren wenigstens bis zur Beerdigung oder Einäscherung zu tragen. Das sei kein einziges Mal in seiner langjährigen Berufserfahrung vorgekommen.

Zur Lagerung benötigt man ca. drei Quadratmeter pro Leiche. Zwar haben also Mietsteigerungen auch nach dem Tod eine negative Wirkung, aber aufgrund des wesentlich geringeren Bedarfs an Quadratmetern und des kurzen Aufenthaltes ist das zu vernachlässigen.

Der Besuch hat mich in meiner Auffassung bestätigt, dass man etliche Dinge im Leben nicht zu ernst nehmen sollte.
Die Frage, die mir eigentlich immer zuerst gestellt wird, wenn ich mit jemandem über die Inhalte dieses Buches spreche: Warum schlage ich, der viel Geld mit Immobilen verdient, Maßnahmen vor, die mein eigenes Geschäft in Mitleidenschaft ziehen? Einige meiner Vorschläge könnten nahezu von linksradikalen Bolschewisten stammen, die den Kapitalismus abzuschaffen trachten. Das versuche ich natürlich nicht, denn ich bin durchaus ein großer Verfechter unseres Wirtschaftssystems. Aber ich verschließe eben auch nicht die Augen vor den Punkten, an denen dieses System nicht perfekt erscheint.

Die zweite Frage ist, warum ich so vehement und mit viel Energie für die Gründung gemeinnütziger Stiftungen als Lösung für unser Problem plädiere, Kapital, Arbeit und Zeit aufwende, um solche Stiftungen ins Leben zu rufen – und das, ohne dabei reich zu werden. Für viele scheint das nicht nachvollziehbar zu sein.

Zur abschließenden Beantwortung dieser Fragen nach meinen Beweggründen, muss ich etwas weiter ausholen:

Geld

Der erste Verdacht, der bei vielen sofort aufkeimt, ist der, dass ich irgendeinen genialen Plan habe, mit dem ich heimlich durch die Hintertür doch Profite daraus schlagen kann.

Hierzu soll gesagt sein: Die Freude über Geld ähnelt einer steilen Kurve aufwärts, die immer mehr abflacht und irgendwann, der Punkt ist individuell verschieden, ein Plateau erreicht. Bei einigen Menschen fällt sie sogar wieder ab.

Ein Hungernder in Somalia denkt ausschließlich daran, Nahrung für sich und seine Familie zu finden, nur um zu leben. Im Dauerkampf gegen den Hungertod lässt sich nicht über Geschäfte nachdenken. Schenkt man diesem Menschen nur einen Euro, kann er einen Tag überleben. Entsprechend groß ist seine Freude. Es muss ein Gefühl sein, das wir ewig satten Menschen uns nicht vorstellen können. Versuchen Sie doch mal zwei Tage und Nächte nicht zu essen (bitte aber genügend trinken), dann können Sie die Gefühle eines Hungernden ein wenig nachvollziehen. Spätestens am zweiten Tag werden Sie an nichts anderes mehr denken, als an Essen. Das ähnelt zwar eher einer Heilfastenkur und ist nicht zu vergleichen mit den armen Menschen, die teilweise wochenlang gar nichts zu essen haben, aber es zeigt, wie sich die Prioritäten ändern, wenn man nichts zu essen hat.

Springen wir nun zu einem Hartz-IV-Empfänger in Deutschland, der ja nicht hungern muss, eine Bleibe hat und krankenversichert ist, so wird sich dieser über einen Euro nicht sonderlich freuen. Dieser Euro, der in Somalia das Leben für einen Tag rettet, ist in Deutschland relativ wertlos. Beschenkt man den Hartz-IV-Empfänger jedoch mit 5.000 €, wird die Freude riesig, wenn auch diese noch etwas geringer ausfällt, als bei Hungernden. Er könnte sich zum ersten Mal seit Langem eine Urlaubsreise gönnen, gute Kleidung kaufen etc.

Einem Milliardär wiederum bedeuten 5.000 € gar nichts. Da muss schon wesentlich mehr auf den Tisch, um ihn zu erfreuen. Die Vorteilskurve wachsenden Reichtums ist anfangs dramatisch, flacht ab und wird immer flacher, bis sie irgendwann auf einem Niveau stagniert. Danach fällt sie sogar ab, wie zumindest mir persönlich auffiel. Natürlich ist der Wendepunkt individuell verschieden. Meint jemand, unbedingt einen Ferrari zum Lebensglück zu brauchen, liegt der Punkt höher.

Ich habe einen französischen Freund in Singapur. Frank ist stolzer Besitzer eines solchen Ferraris. Dort kostet dieser übrigens aufgrund von Zöllen und Steuern weit mehr als eine Million Euro. Interessanterweise sind ja die meisten Ferrari-Besitzer ältere Herren. Sie müssen erst einmal Dehnübungen machen, um einsteigen zu können. Eine längere Fahrt ist durch den Motorlärm mit Kopfschmerzen verbunden. Das gilt für manche der älteren Herren natürlich nicht, denn sie können einfach ihr Hörgerät leise stellen. Das Valet-Parken ist totaler Stress, da die Parkhilfen mit der Knopfgangschaltung, die wie in einem Formel-1-Rennwagen funktioniert, nicht klarkommen. Der Monsieur musste tatsächlich selbst parken und war vor Wut dem Herzinfarkt nahe.

Die Rückfahrt blieb mir verwehrt. Mein Freund Frank lernte eine Dame kennen, die unbedingt einmal Ferrari fahren wollte. Ich wohnte bei ihm und musste daher in einem alten Taxi hinterhertuckern.

Ein Privatflugzeug mutet zunächst auch traumhaft an. Ein befreundeter Unternehmer nennt ein solches sein eigen. Zu einer Geschäftsreise nach Paris durfte ich mitfliegen. Die Kosten betrugen 3.000 € pro Flugstunde plus Nebenkosten, wie ich erfuhr.

Sein Marketing-Team begleitete uns. Fröhlich tranken wir noch ein Glas Sekt vor dem Flug, später Wasser und Kaffee gegen die Müdigkeit. Die erste Überraschung: Die Flieger sind richtig klein. Man kann nicht aufrecht im Flugzeug gehen und die Sitze sind eng – schlimmer noch: Bei diesem Modell gab es nicht mal eine Toilette an Bord! Eine unsere Marketingdamen musste nach wenigen Minuten zur Toilette, die es nicht gab. Kurz vor der Landung weinte sie und war einem Nervenzusammenbruch nahe. Die Schmerzen waren unerträglich. Sobald wir aussteigen konnten, eilte sie unter das Flugzeug und verrichtete ihre Notdurft neben dem Fahrwerk – zur Verwunderung und Freude der beistehenden Mechaniker.

Insgesamt war mein Erlebnis ernüchternd. Der größte Vorteil eines privaten Flugzeugs ist es, direkt und zu jeder gewünschten Uhrzeit Ziele anfliegen zu können. Dennoch bleiben Reisen anstrengend. Ich setzte mir also zum Ziel, einfach weniger zu reisen. Das ist besser für die Gesundheit und die Umwelt und erübrigt zugleich den Wunsch nach einem Privatjet.

Einer meiner besten Freunde, der schon erwähnte Amadeo, hat einen seiner Wohnsitze in der Nähe von Monaco. Wer sehen möchte, wo sich die Superreichen aufhalten, kommt um einen Besuch in Monaco nicht herum. Dort scheint das am meisten gefahrene Auto nicht der VW Golf zu sein, sondern das Bentley Cabriolet. Wie überall auf der Welt gibt es den üblichen Italiener. Das Essen ist gut, aber nicht herausragend. Für ein Dinner zu zweit kommt man mit 400 € weniger in der Tasche aus dem Restaurant. Bei mir melden sich bei derartigen Preisen die Gene meines Vaters und es schlägt mir auf den Magen.

Der Treffpunkt der Szene ist der Buddha Club, ein für 50 Mio. € umgebautes Denkmal. Einmal nahmen wir einen Drink auf der Terrasse neben sechs sturzbetrunkenen Frauen aus Australien und kamen ins Gespräch. Die Damen arbeiteten alle auf der Jacht eines ukrainischen Milliardärs. Pro Person bekamen sie monatlich über 4.000 € bezahlt. Zur Crew gehörten noch ein Kapitän und zwei weitere Personen. Interessanterweise mussten sie nur zwei Wochen im Jahr arbeiten. Den Rest der Zeit verbrachten sie wartend, denn der Inhaber war so beschäftigt, dass er keine Zeit für seine Jacht hatte. Ich war schon immer gut im Kopfrechnen und (noch) nicht betrunken. Ein kurzer Überschlag ergab, dass sich die Investition nicht lohnt. Das beruhigte mich, denn selbst mit meinen Talenten wäre ich niemals fähig, das Geld für solch eine Jacht zu verdienen.

Es stellt sich schlichtweg die Frage, ob es wirklich der zehn nicht vermieteten Wohnsitze, 15 Luxus-Autos oder 20 Designer-Taschen zu 20.000 € das Stück bedarf, um Zufriedenheit zu finden. Es ist natürlich eine Frage des Geschmacks. Wer das mag, soll es eben genießen und wie es Gunter Sachs einmal sagte: „Im Rolls Royce weint es sich besser." Jeder hat das Recht, sein Geld nach seinem Gusto auszugeben. Mir geben diese Dinge nichts. Das betrachte ich als Glück.

Das Leben verändert sich kaum, wenn sich das Vermögen von 10 auf 20 Mio. € verdoppelt. Noch weniger tut es das, wenn es von 100 auf 200 Mio. € steigt. Ab einer gewissen, individuell verschiedenen Stufe, sind das nur noch Zahlen im Kopf.

Das Leben verschlechtert sich sogar, wenn man eine gewisse Vermögensstufe erreicht und diese nunmehr an die Öffentlichkeit dringt. Viele Schmarotzer werden von Geld angelockt.

Freund und Feind sind schwer auseinanderzuhalten. Bei der Anbahnung von Kontakten zu Fremden ist Misstrauen der ständige Begleiter: Es könnte ja das Geld eine Rolle spielen. Hinzu kommen die Angst oder Sorgen um die Sicherheit der Kinder, denn die Erpressungs-Geschichten von Entführern sind ja allzu bekannt.

Frau Susanne Klatten wird niemals wieder einen romantischen Annäherungsversuch ohne Misstrauen genießen können, nachdem sie von einem Heiratsschwindler um Geld betrogen wurde. Die Schicksale der Entführungsopfer wie Jean-Paul Getty Jr., Richard Oetker, Theo Albrecht (Aldi) oder der Schlecker-Kinder können Sie in vielen Quellen nachlesen. Besonders tragisch erging es Christina Onassis. Mehr Geld konnte man nicht haben. Nach etlichen gescheiterten Ehen, alkoholsüchtig, gehetzt von Schmarotzern, die an ihr Geld wollten, und der Presse, die ihre nächste Schlagzeile suchte, ist sie sehr jung verstorben. Noch heute werde ich traurig, wenn ich ihre Geschichte lese.

Persönlich kann ich das gut nachvollziehen. Ich kam schon in früher Jugend durch meinen Vater mit äußerst wohlhabenden Personen in Berührung. Sein Freund K. war zu Zeiten des Schah-Regimes einer der reichsten Männer des Iran. Er war ständig umschwirrt von Leuten, die nach einer Möglichkeit suchten, mit ihm Geschäfte zu machen. Wenn er uns in Deutschland besuchte, wanderten, wie im Gänsemarsch, acht Leute hinter ihm her, mittendrin mein Vater. Die zweitälteste und noch unverheiratete Tochter des Herrn K. war das genaue Gegenteil eines Schönheitsideals und hochgradig arrogant. Mein Vater pries ihre Schönheit in den höchsten Tönen und versuchte mich unentwegt zu überzeugen, ihr einen Heiratsantrag zu machen. Ein Jahr später kam es zur Revolution, der Schah und seine Kumpel-Kapitalisten wurden durch Khomeini vertrieben. K. hatte Glück, weil er sich zu dieser Zeit mit seiner Familie auf einer Urlaubsreise befand. Er verlor sein gesamtes Vermögen, bis auf die Urlaubskasse, von der die Familie drei

Jahre lang in den USA leben konnte. Immerhin entging er dadurch den Erschießungskommandos. Sein Bruder wurde hingerichtet. Plötzlich erwähnte mein Vater kein Wort mehr von einer Hochzeit.

Jahre später sah ich die Tochter in der Louis-Vuitton-Abteilung eines US-Kaufhauses in San Francisco als Verkäuferin. Ich fragte mich, wie es ihr nun ergehen mochte, nachdem ihr Diener einst die Louis-Vuitton-Koffer hinterhertrugen. Sie tat mir dann doch leid und ich bin schnell weitergegangen, damit sie mich nicht sieht.

Auf meiner Universität in San Francisco tummelten sich viele Kinder superreicher Familien aus aller Welt. Unter den Iranern galt ich als der relativ arme Perser aus Deutschland. Den Vogel schoss R. ab, eine junge Frau aus Indonesien, deren Vater zwar fast unendlich viel Geld hatte, aber wohl nie Zeit mit ihr verbrachte. Sie hatte fünf Luxusautos, das günstigste davon ein Mercedes 450 SLC, und war schon mit 21 Jahren wegen ihrer lebensgefährlichen Drogensucht zweimal in der Klinik. Wenn sie in die damals beste Diskothek kam, wanderten sechs Leute wie im Gänsemarsch hinter ihr her. Das kam mir sehr bekannt vor. Leider war ihr Drogenkonsum derart exzessiv, dass man nur Mitleid haben konnte – und sie schaute immer sehr traurig.

Ein Schlüsselerlebnis zum Umgang mit Reichtum hatte ich bei einem Freund meines Vaters, Herrn E. im Iran. Sein Vermögen gibt er mit 300 Mio. € an, die er sich im Laufe der Jahrzehnte hart erarbeitet hat. Seine 800 m² große Wohnung erstreckt sich über zwei Etagen, die per gläsernem Innenfahrstuhl erreicht werden. Mir fiel auf, dass er in seiner Riesenwohnung eine kleine Ecke eingerichtet hatte. Nur dort verweilte er, es sei denn, er hatte illustre Gäste. Dieses Phänomen fiel mir bereits bei meinem Freund und Geschäftspartner R. auf. Er hat ein Haus mit sage und schreibe 2.000 m² Wohnfläche. Auch er benutzte aber nur eine kleine Ecke. Der Rest mutete wie ein Gespensterschloss an, dessen Möbel mit weißen Decken vor Staub geschützt und nur einmal im Jahr für eine Feier benutzt wurden. Infolge dieser Beobachtungen schrumpfte die Größe meiner Traumwohnung drastisch.

Das Erstaunliche an Herrn E. war, dass er nie lachte. Seine Mimik ähnelte zumeist jemandem, der gerade in eine Zitrone gebissen hat. Noch bemerkenswerter war sein extremer Geiz. Ich sollte einmal für ihn einen großen Teppich für 200.000 € verkaufen. Dazu brauchte ich natürlich ein Foto. Der Fotograf verlangte 100 € dafür. Das brachte ihn in Rage: „So hohe Kosten für ein Foto!", klagte er. Er bat mich, es günstiger zu arrangieren. Daraufhin besorgte Mehdi, mein Freund und meine rechte Hand im Iran, eine lange Leiter und nahm aus schwindelnder Höhe mit seinem Mobiltelefon minderwertige Fotos auf. Dem Verkauf war das nicht förderlich.

Herr E. hatte auch ein 200.000 m^2 großes Grundstück außerhalb Teherans. Dort wuchsen Kirschbäume. Voller Freude kam sein Gärtner und brachte uns Kirschen der ersten Ernte. Die schmeckten richtig lecker. Der Kommentar seines Herrn lautete, dies seien die teuersten Kirschen seines Lebens – natürlich begleitet von der üblichen Zitronengesicht-Mimik. Er hatte das Grundstück ursprünglich gekauft, um darauf ein Hotel zu errichten, was ihm nicht genehmigt wurde. Nun also musste er darauf die „teuersten" Kirschen ernten. Mir fiel auf, dass Herr E. eigentlich immer schlecht gelaunt war. Sein Gärtner hingegen mit einem Monatsgehalt von 200 €, lachte stets und lief fröhlich durch die Gegend. Trotz eines Vermögens von über 300 Mio. €, Häusern, Gärten, Autos, Rolex-Uhren usw. war Herr E. fast immer schlechter Laune. Normale schöne Dinge brachten ihm keine Freude mehr. Seine Fokussierung auf Geld und sein Geiz waren unerträglich. Mein Freund Mehdi und ich tauften ihn um: Aus Herrn E. wurde E-Shit.

Gewiss sind das alles extreme Beispiele und sehr viele Superreiche sind gut gelaunt und nicht geizig. Einige führen sich beispielhaft auf und machen sich Gedanken um ihre Mitmenschen. Sie geben nicht nur Geld für gute Zwecke aus, sondern arbeiten aktiv an Lösungen sozialer Probleme. Warren Buffet, Bill Gates, Dirk Rossmann, Götz Werner, Hasso Plattner sind nur einige Beispiele. Die Mehrheit der Gönner hält sich von der Öffentlichkeit fern. Es gibt aber Fakten, die einfach feststehen. So ist es wissenschaftlich erwiesen, dass nach Erreichen des Plateaus, auf dem die Existenz bequem bestritten werden kann, zusätzliches Vermögen keine Rolle mehr für das Glück eines Menschen spielt. Exzessiver Reichtum führt bei vielen Menschen eher dazu, dass sie die schönen Dinge im Leben, die kaum etwas kosten, wie z. B. ein Spaziergang im schönen Botanischen Garten oder ein herrlicher Sonnenuntergang im Sommer, nicht mehr genießen können. Seltsamerweise entsteht bei einigen eben dieser krankhafte Geiz. Ich kann das aus meinen Beobachtungen nur bestätigen.

Ein Satz des sehr fleißigen erfolgreichen Immobilienunternehmers M. in Berlin, der mit einem Kapital von 2.000 € begann und nun wohl im dreistelligen Millionenbereich liegt, fiel mir besonders auf. Angelehnt an Jean-Paul Getty sagt er stolz: „Als ich kein Geld hatte, dachte ich häufig an Geld. Jetzt, wo ich Geld habe, denke ich nur noch an Geld."

Für mich persönlich gibt es neben Geld durchaus andere spannende Themen im Leben. Ich war zweimal pleite und dreimal Millionär. Jetzt geht es mir gut, und von mir aus kann es genau so bleiben. Die Höhen des Lebens lassen sich eher genießen, wenn man auch mal am Boden lag. War man immer nur obenauf, fehlt der direkte Vergleich aus eigener Erfahrung. Nun bin ich an dem Punkt, an dem mehr Geld meinen Lebensstil nicht ändern würde. Ich finde Reichtum viel erstrebenswerter.

Leider wird Reichtum häufig ausschließlich mit Vermögen gleichgesetzt. Das ist ein Irrtum. Reichtum hat für mich drei Komponenten:

1. Gesundheit
2. Vermögen
3. Zeit

Die erste Stufe – die Gesundheit – habe ich bravourös erreicht. Ich bin kerngesund, fit und hoffe, es weiter zu bleiben. Hier bin ich etlichen Milliardären weit voraus. Dem, der nicht glaubt oder auch verdrängt, dass aller Reichtum ohne alltagstaugliche Gesundheit nichts nützt, empfehle ich den Besuch auf der Intensivstation eines Krankenhauses. Ein Wechsel der Perspektive heilt: Man stelle sich nur vor, selbst dort zu liegen, schwer atmend und umgeben von Schläuchen und Apparaturen. Geld verliert in solchen Momenten komplett seinen Wert. Ich tue seit vierzig Jahren etwas für meine Gesundheit. Den Entschluss dazu fasste ich schon als junger Mann. Es fiel mir nämlich auf, dass Menschen nach einem Unfall oder schwerer Krankheit plötzlich ihr Leben umstellen. Ich beschloss, nicht auf solch ein Unglück zu warten, sondern mein Leben präventiv gesünder zu gestalten. Dabei gehört für mich neben Sport und keiner Diät oder speziellen Nahrung auch mal feucht-fröhliches Feiern ausdrücklich dazu oder wie mein Freund K. Oud zu sagen pflegt: „Wer zu gesund isst, wird krank."

Die zweite Stufe – das Vermögen – habe ich nach meinem Empfinden auch erreicht. Meine Familie und ich sind versorgt. Mein Leben würde sich nicht ändern, wenn ich mein Vermögen weiter vermehren würde – im Gegenteil: Mir wäre der Weg zur dritten Stufe versperrt.

Was die dritte Stufe – also die Zeit – betrifft, bin ich noch ein armer Schlucker. Obwohl mir nur noch 25 % meiner wahrscheinlichen Lebensdauer verbleiben, leide ich permanent unter Zeitmangel. Es gibt zu viele Dinge, die ich erledigen muss. Mein Terminkalender ist voll und die Zeit vergeht immer schneller. Das möchte ich auf jeden Fall ändern, bevor ich bei 5 % verbleibender Lebenszeit angelangt bin.

Und hier landen wir also bei der Ausgangsfrage. Geld verdienen spielt bei meinem Vorhaben für bezahlbaren Wohnraum zu sorgen tatsächlich keine Rolle. Eines meiner liebsten Zitate stammt von einem, der das Verhältnis zum Geld wohl besser beurteilen konnte, als jeder andere, Aristoteles Onassis: „Viele reiche Menschen sind arme Menschen mit viel Geld."

Ruhm

Viele werden denken, dass ich Ruhm anstrebe. Dem ist aber nicht so! Zugegeben, es wirkt interessant, sich selbst in den Medien zu sehen oder mit bekannten Persönlichkeiten an einem Tisch zu sitzen. Viele Menschen streben nach Ruhm. Man muss sich nur fragen: Warum?

Einerseits wird Ruhm häufig mit Geld in Verbindung gebracht. Das Thema hatten wir ja schon. Andererseits genießen aber einige Menschen die Aufmerksamkeit, die ihnen geschenkt wird. Ich gehöre nicht zu denen. Für mich bedeutet es eher einen Verlust an Freiheit. Ich muss mich plötzlich benehmen und darauf achten, was ich sage und tue. So richtig die Sau rauslassen könnte ich nicht mehr. Das ist nichts für mich. Daher spielt dieser Punkt für meine Beweggründe auch keine Rolle.

Guter Mensch

Es liegt die Vermutung nahe, dass ich etwas Gutes tue, weil ich ein guter Mensch bin. Auch wenn ich gern etwas anderes behaupten würde, muss ich auch da leider widersprechen. Meine Freunde im Basar von Teheran würden mir für diese Aussage gegen das Schienbein treten.

Glück entsteht im Kopf

Es ist vielmehr so, dass ich mir Gutes zu tun leisten kann. Erst als ich die Stufe der finanziellen Unabhängigkeit erreicht hatte, wurde ich aktiv. Es gibt tausende Menschen, die wenig oder nichts haben und sich für gute Zwecke Zeit nehmen. Teilweise setzen sie sogar ihr Leben aufs Spiel! Die Ärzte ohne Grenzen riskieren Kopf und Kragen, um hilfsbedürftigen Menschen zu helfen. Junge Menschen nehmen eine Auszeit und helfen armen Kindern in Afrika. Da kann ich nicht mithalten. Ihnen gilt mein uneingeschränkter Respekt.

Auch denke ich an meinen lieben Freund Kawos, Architekt von Beruf. Er hat weniger Zeit und viel weniger Geld als ich. Geld ist für ihn nicht so wichtig. Er ist gut drauf. Zeit mit ihm zu verbringen ist wie Meditation. In seiner Freizeit, die er eigentlich nicht hat, reist er in den Spreewald und besucht Kinder, die unheilbar krank sind und auf ihren Tod warten. Wie soll man solche Kinder trösten? Er malt an die Decken der Schlafzimmer einen wunderschönen Nachthimmel mit vielen, vielen Sternen. Er überzeugt die Kinder, dass ihre Reise an einen besseren Ort führt und lindert so die Angst. Auf diese Idee wäre ich nicht gekommen.

Ja, warum denn nun das alles?
Erfolgreichen und wohlhabenden Geschäftsleuten, die glauben, ihr Vermögen nur ihren Fähigkeiten zu verdanken, möchte ich folgenden Hinweis geben: Wären Sie in Indien auf dem Land geboren, würden Sie schon in frühester Kindheit die Eltern bei der schweren Landarbeit unterstützen. Jeden Abend würden Sie erschöpft zu Boden fallen und einschlafen, denn Betten gibt es dort nicht. Für Bildung wäre kein Geld da. An das Erlernen von Lesen und Schreiben ist dort nicht zu denken. Bei einer Augenverletzung wären Sie erblindet und bei schwerer Erkrankung gestorben. Ein Sozialstaat mit Gesundheitsversorgung, wie wir ihn in Deutschland kennen, ist dort unbekannt. Jeder kann nachvollziehen, dass unter solchen Umständen kei-

ne guten Geschäftsideen gedeihen. Selbst wenn man sie hätte, wäre kein Geld für den Start vorhanden.

Einstein hätte unter diesen Umständen nie die Relativitätstheorie entdeckt, Jeff Bezos wäre nicht der reichste Mensch der Welt geworden und Elon Musk hätte nicht durch seine genialen Ideen etablierte Industrien aufgerüttelt und durch seine weniger genialen Hirngespinste für Unterhaltung gesorgt.

Treten wir noch einen Schritt zurück: Geschäftssinn oder das Talent zum Unternehmer wohnt einigen von uns bereits inne. Man kann das weder an der Uni lernen, noch sich anderweitig aneignen. Das ist nicht nur im Geschäft so. Talentierte Maler malen auf Anhieb schön, so wie mein langjähriger Freund Mathias. Ich könnte Jahrzehnte üben und würde nicht annähernd so gut sein. Während er für eine Stange Zigaretten mit der linken Hand für mich Bilder malte, damit meine Zensur im Kunstunterricht nicht zur Katastrophe wurde, kaufte ich einen gebrauchten Flipper-Automaten und konnte den Schuldirektor tatsächlich davon überzeugen, den Apparat in unserer Klasse aufstellen zu dürfen. Ich verdiente richtig viel Geld! Meinen Klassenkameraden fiel das auf, und nach wenigen Wochen wurde mit 29 zu eins abgestimmt, dass ich 50 % meiner Einnahmen in die Klassenkasse abführen musste. Das war meine erste Berührung mit sozialer Marktwirtschaft – und ich verdiente trotzdem gut.

In meinem Fall hatte ich das Glück, diese Gene von meinem Vater geerbt zu haben. Mein Bruder wurde ein begnadeter Musiker. Für das Geschäftliche war er zu sensibel und emotional. Während ich als Kind mit dem Handel von Briefmarken Geld verdiente, weil ich den Markt besser kannte als meine Mitschüler, lernte er auf Kochtöpfen autodidaktisch trommeln und anschließend Gitarre spielen. Später komponierte er wunderschöne Melodien, während ich bereits an der Beherrschung der Blockflöte scheiterte. Beide Talente kamen aber nur durch das

Glück zum Vorschein, nicht in Somalia oder dem Südsudan, sondern in Deutschland aufzuwachsen.

Die Voraussetzungen zum Unternehmer sind also zum großen Teil genetisch bedingt. Erst wenn man das Glück hat, Träger dieser Gene zu sein, kommen die Umstände dazu. Daher sind erfolgreiche Geschäftsleute auch relativ selten. Erst müssen die Gene stimmen und *dann* auch noch die Umwelt. Man muss in einem Land aufwachsen, in dem Frieden herrscht, eine gute Bildung möglich ist, ohne dafür viel Geld ausgeben zu müssen usw. Nur so funktioniert es! Auf meinen vielen Reisen in arme Länder Asiens und Afrikas wird mir das immer wieder bewusst. Wenn man sich über dieses Glück fast täglich freut, schenkt es einem viel Energie. Aber es geschieht noch mehr: Man möchte anderen Menschen und der Gesellschaft etwas zurückgeben. Jeder Mensch, der etwas Gutes tut, tut das erst einmal für sich. Er oder sie fühlt sich besser dadurch. Keiner würde etwas Gutes tun, wenn es ihm danach schlechter ginge. Selbst Seelsorger, die mit den härtesten Schicksalsschlägen konfrontiert werden, ziehen positiven Nutzen aus dem Gefühl, jemandem helfen zu können. Masochisten könnten die Ausnahme zu dieser Regel bilden.

Ich fühle mich also gut, wenn ich helfen kann, die Mieten zu senken und dadurch konkret Menschen glücklich zu machen. Ich möchte nicht, dass meine weniger betuchten Freunde meinen Bezirk oder die Stadt verlassen müssen.

Ich habe in San Francisco, Los Angeles, New York, London, Paris, Hamburg, Teheran und Bangkok gelebt, bevor ich schließlich in Berlin gelandet bin. Hier gefällt es mir am besten, außer im Winter. Berlin ist witzig, hat Charme, ist sehr vielseitig und hat sozial denkende Einwohner, die Flüchtlingen im Winter Kaffee servieren. In einem der Länder, wo ich wohnen durfte, werden Flüchtlinge an der Grenze zur Abschreckung erschossen, ohne dass die Bevölkerung protestiert. Ich habe erlebt, wie schrecklich London und Paris mit der Zeit wurden. In welche Stadt soll ich ziehen, wenn Berlin einmal so werden sollte?

Ich freue mich natürlich auch, wenn ich auf Ideen komme, die keiner vor mir hatte, oder Probleme löse, an denen viele vor mir gescheitert sind. Ein wenig Egozentrik schadet nicht.
Der Gesellschaft etwas zurückzugeben, gibt uns selbst etwas wieder. Ich ärgere mich heute über die Jahre, die ich mit unsinnigen Dingen verbracht habe, wie z. B. Streitigkeiten zwischen Familienmitgliedern zu schlichten. Man kämpft gegen Windmühlen, denn wer sich streiten will, findet immer einen Grund. Das markierte den Wendepunkt, an dem mir meine Lebensformel in den Sinn kam. Ich zog das Lebensalter der Streithähne von der Zahl neunzig ab. Die verbleibende Zahl verriet mir, in wie vielen Jahren diese Probleme endgültig gelöst sein würden. Das gab mir die Ruhe, mein Leben sinnvoller zu verbringen.

Neunzig abzüglich Ihres Lebensalters, liebe Leserinnen und Leser, ergibt die Anzahl der Jahre, die Ihnen höchstwahrscheinlich noch in dieser Welt bleiben, falls nicht ein Unfall oder eine Krankheit dazwischenkommt. Bedenken Sie, wie schnell die Jahre vergehen. Nutzen auch Sie Ihre verbleibende Zeit sinnvoll.

DAS ALLERBESTE

FÜR DEN ALLERWERTESTEN!

N° 6

KLÖ PAPIÉE

OKAMOTO

GRAND CU CLASSÉ

— 140 FEUILLES/ROULEAU —

FEINSTE TOILETTENTÜCHER
AUS EDLEM OKAMOTO PAPIER

Crème de la Crème – das Nachwort

Klö Papiée No. 6

> „ICH BIN UNSTERBLICH."
>
> KARL LAGERFELD
> † 2019

Mein Vater hatte in seinem Büro im Hamburger Freihafen einen Safe. Darin befanden sich zwei Ablagekästen für ganz bestimmte Dokumente, ein roter und ein schwarzer. Früher zahlte man seine Rechnungen mit einem Stück Papier, das sich Scheck nannte. Diese Schecks hatten ein Zahlungsdatum. Die windigen Teppichhändler missbrauchten dieses System natürlich sofort mit z. B. vordatierten Schecks, um auf diese Weise einen Kredit vom Lieferanten zu erschleichen.

Diese Praxis nahm zum Teil groteske Züge an, fand ich doch bis zu vier Jahre vordatierte Schecks. Der Käufer kaufte also ein und versprach, das Geld vier Jahre später zu zahlen.

Diese Schecks waren natürlich genauso viel Wert wie die Bonität des Käufers. Im roten Kasten waren die guten Schecks, bei denen mein Vater mit dem Geldeingang rechnen konnte. Im schwarzen Kasten waren die Schecks, bei denen er sich der Zahlungsfähigkeit ihrer Aussteller nicht sicher sein konnte. Auf meine Frage, was wir denn mit diesen faulen Schecks machen können, antwortete mein Vater: „Damit können wir uns den Arsch abwischen. Das ist Klopapier."

Nun waren die Schecks aus außergewöhnlich festem Papier. Selbst für diesen Zweck waren sie vollkommen nutzlos.

Liebe Leserinnen und Leser, ich hoffe, dass dieses Buch für Sie von Nutzen war. Für unser Ziel, bezahlbaren Wohnraum zu schaffen, war Ihr Kauf schon mal sehr nützlich. Die Erlöse minus Druck- und Logistikkosten gehen komplett in die Finanzierung unserer ersten Immobilie, bei der wir die Mieten senken werden. Dafür möchte ich mich bei Ihnen im Namen des *Erste-Sahne-Vereins* bedanken.

Auch für die Leserinnen und Leser, die das Buch absolut nicht gut finden und denen das Lesen auch nichts gebracht hat (ich will mich nicht wiederholen), sollte das Geld nicht vollends verloren sein.
Daher habe ich ein Muster eines von meinem engsten Freund K. Oud kreierten Produktes, das *Klö Papiée No. 6*, beigefügt.

Für die Leserinnen und Leser, die dieses Buch in elektronischer Form erworben haben, möchte ich mich dafür entschuldigen, dass es mir nicht gelungen ist, Toilettenpapier digitalisiert zur Verfügung zu stellen. Bei gewissen Anwendungen, und hierzu gehört der Stuhlgang, kommt man um das Benutzen von Papier nicht herum. Den Vorgang selbst werden auch in ferner Zukunft keine Roboter für den Menschen erledigen können. Gern senden wir Ihnen aber auf Anfrage ein Muster per Snail-Mail zu.

Klö Papiée No. 6 ist aus edlem Okamoto-Papier gefertigt. Es eignet sich wesentlich besser für den vorgesehenen Gebrauch als die faulen Schecks meines Vaters. Wir verkaufen eine Rolle für 9,90 € und machen exorbitante Profite, genauso wie z. B. Louis Vuitton mit seinen Luxusprodukten oder Apple mit seiner Marke. Nur dient hier der Erlös einem guten Zweck. Durch den Kauf dieses luxuriösen Toilettenpapiers helfen Sie mit, Mieter vor der Verdrängung aus ihren Wohnungen oder kleinen Geschäften zu schützen.

Der Kauf dieses Buches ist also für niemanden völlig nutzlos. Die wenigen Blätter von *Klö Papiée No. 6* reichen für einen Vorgang und kosten bei Nichtgefallen des Buches 14,90 €. Für drei Sekunden – so lange dauert durchschnittlich der normale Wischvorgang – kann man nachvollziehen, wie sich der russische Milliardär mit der Champagner-Dusche fühlt.

Ihr Autor

Hamid Djadda

Anhänge

Anhang 1

Erste Sahne ist besser als Enteignung!

Die Initiative „Deutsche Wohnen & Co enteignen" möchte in Berlin alle großen privaten Wohnungsunternehmen enteignen. Wieder einmal ist ein heftiger Streit zwischen den Politikern entfacht. Wieder einmal werden die Bürger nicht umfassend informiert. Wieder einmal wird es zu keiner Lösung kommen. Wir Bürger sind verunsichert.

Man muss es zunächst positiv sehen, denn endlich wird gehandelt und versucht eine unerträgliche Situation zu ändern. Seit Jahren steigen die Mieten, ohne dass irgendetwas konkret passiert. Es ist verständlich, dass man, auf gut Deutsch, die Schnauze voll hat und etwas ändern möchte. Das Ziel ist honorig, der Weg dorthin leider falsch.

- Die „Deutsche Wohnen" besitzt nur wenige Prozent der Wohnungen in Berlin. Was passiert mit all den anderen Berliner Mietern?
- Es suchen zehntausende Menschen verzweifelt Wohnungen. Keine einzige neue Wohnung wird durch Enteignung geschaffen.
- Wer enteignet wird, muss entschädigt werden. Das zu umgehen, würde die Säulen unseres Rechtsstaates erschüttern und ist Wunschdenken. Die Kosten einer Enteignung der DW sind auf 10 Milliarden € geschätzt. Das ist viel zu viel Geld für das, was man erhält.
- Es ist juristisch nicht klar entschieden, dass eine Enteignung überhaupt möglich ist. Die Enteigneten werden vor Gericht ziehen. Das kann bis zum Verfassungsgericht gehen. Jahre werden vergehen, Geld und Mühe werden verschwendet und der Ausgang ist ungewiss. Die Energie ist für andere Aufgaben besser zu gebrauchen. Um unerwünschte Mieter

aus dem Haus zu treiben, halten sie nichts instand, bis diese zum Auszug bereit sind.

- Die Durchschnittsmiete der DW beträgt 6,62 €, die der städtischen Wohngesellschaften 5,91 €. Der Unterschied ist also gar nicht so groß.
- Die DW hat die Wohnungen sehr, sehr günstig gekauft. Sie wird einen Riesengewinn machen. Bei einer Enteignung sind die Erlöse steuerfrei! Das geht zu Lasten der Berliner Bürger.

Das Ziel der Enteignung soll doch sein, dass die Mietsteigerungen aufhören. Das kann man viel einfacher und viel günstiger erreichen. Und zwar nicht nur für die Mieter der Deutschen Wohnen, sondern für alle Mieter in Berlin! Eine Mietenpause muss her!! Die Mieten müssen für fünf Jahre eingefroren werden. Das gibt uns genügend Zeit, die Ursachen der Misere zu lösen. Lediglich die Inflation müsste berücksichtigt werden. Die Kosten hierfür sind genau 0 €.

Die Ursachen der Mietsteigerungen müssen beseitigt werden. Die DW besteht nicht aus bösartigen Sadisten, die sich daran vergnügen, Menschen aus ihren Wohnungen zu vertreiben. Das Einzige, was die DW möchte, ist, so viel Gewinn wie möglich zu machen. Die Manager sind von den Aktionären dazu verpflichtet. Erreichen sie die Ziele nicht, werden sie gefeuert. Die Schicksale der Menschen sind für sie nicht wichtig.

Der Aktienkurs der DW lag im November 2008 bei 3,81 €. Jetzt liegt sie bei über 42 €.

Warum kann es zu so einer Steigerung kommen?

Der Aktienkurs richtet sich nach den Gewinnen einer Firma.

Wie konnte die DW ihre Gewinne so maßlos steigern?

Aktienkurse der Deutschen Wohnen

2008	2019	Ziel
3,61 €	42,40 €	9,00 €

Eine Reihe von Gesetzen fördert die Spekulation. Nur als ein Beispiel sei hier die Modernisierungsumlage erwähnt. Die Mietpreisbremsen sind eine Farce! Die Politik rühmt sich, durch Mietpreisbremsen eine Verteuerung der Mieten verhindern zu können, gibt aber gleichzeitig den Firmen durch die Modernisierungsmaßnahmen die Möglichkeit, Mietpreisbremsen komplett auszuhebeln. Völlig legal können die Vermieter trotz Mietpreisbremsen ihre Mieten drastisch erhöhen.

Das Problem ist, dass die Modernisierungsmaßnahmen zu 100 % den Mietern aufgebürdet werden dürfen. Das ist nur in Deutschland so und schon schlimm genug. Skandalös ist es aber, dass, nachdem die Mieter sämtliche Kosten bezahlt haben, die hohen Mieten für immer weitergezahlt werden müssen! Das ist unbegreiflich, denn es führt zu der absurden Situation, dass die Vermieter dafür belohnt werden, so viel Geld wie möglich auszugeben. Je mehr Geld sie nämlich ausgeben, desto mehr verdienen sie. Das führt dazu, dass auch unnötige Arbeiten vorgenommen werden. Selbst goldene Fahrstuhlseile würden sich lohnen, denn das gesamte Investment zahlen ja die Mieter, und je mehr ausgegeben wird, desto höher wird die Miete, für ewig.

Die einfache Lösung ist, diese Modernisierungsmaßnahmen endlich zu machen. Sobald alles bezahlt ist, muss die alte Miete (plus Inflationsausgleich) gelten. Die Kosten hierfür? 0 €!

Natürlich muss auch mehr bezahlbarer Wohnraum geschaffen werden. Hätte man genügend Miet-Wohnungen in Berlin und Alternativen, könnte die DW ihre Mietsteigerungen gar nicht durchsetzen.

Eine Änderung der Rahmenbedingen ist die Lösung des Kernproblems. Die Aktienpreise der Deutschen Wohnen würden purzeln. Das Ziel sollte es sein, dass der Aktienkurs wieder bei unter 10 € landet. Dann braucht man gar nicht mehr zu enteignen. Man kauft! Und spart Milliarden von Euros.

Erste Sahne ist besser als Enteignung!		
	Enteignung	Mietenpause
Kosten:	10.000.000.000 €	0 €
Dauer:	5 Jahre	2 Jahre
Mieter, denen geholfen wird:	100.000	1.700.000

Anhang 2

To-do-Liste

Man soll nur in einen Kampf gehen,
den man gewinnen kann.   *Sun Tzu*

Taten müssen den Worten folgen! Leider müssen wir zwischen den Maßnahmen unterscheiden, welche Landesrecht und welche Bundesrecht betreffen.

Folgende Maßnahmen können auf Berliner Landesebene durchgesetzt werden:

1. Ein Moratorium (Einfrieren) der Mieten für kurze Zeit
Für einen limitierten Zeitraum von fünf Jahren sollten Mieten nicht erhöht werden dürfen, bis auf einen Inflationsausgleich. Eine genaue rechtliche Prüfung muss stattfinden.

2. Verwaltungsreform
Berlin hat 12 Bezirke, 12 unterschiedliche Verfahren und etliche nicht kompatible EDV-Systeme. Die Kompetenzen zwischen den Bezirken und dem Senat sind nicht klar geregelt. Die Resultate sind viel Bürokratie, umständliche Verfahrenswege und lange Wartezeiten. Hier ist die Situation rechtlich eindeutig. Die notwendigen Reformen sind Landesrecht und können per Volksentscheid durchgesetzt werden.

3. Bedarfsgerechter Bauboom
Es wird viel zu wenig bedarfsgerecht gebaut. Etliche Wohnbauten werden verhindert. Baugrundstücke werden nicht frei gegeben. Hier muss massiv auf den Senat Druck ausgeübt werden.

Folgende Maßnahmen können nur auf Bundesebene durchgesetzt werden:

1. Kappung von Modernisierungsmaßnahmen

Die Modernisierungsmaßnahmen sind der größte Kostentreiber von Mieten und ein mächtiges Instrument, Mieter zu vertreiben. Es ist unerheblich, wie viel Prozent der Kosten auf die Miete aufgeschlagen werden. Viel wichtiger ist, dass diese Mieterhöhungen enden, sobald die Mieter sämtliche Kosten bezahlt haben. Die Erhöhungen müssen endlich sein. Die bisherige Gesetzeslage ermuntert die Vermieter, so viel Geld wie möglich für eine Modernisierung auszugeben, auch wenn diese keinen Sinn machen, da sie anschließend auf ewig von der höheren Miete profitieren, ohne selbst einen Cent investiert zu haben.

2. Steuermaßnahmen-Paket zur Verhinderung von Spekulation

Hier ist leider massiver Widerstand zu erwarten. Dennoch sollte man sich nicht dadurch entmutigen lassen. „Wer nicht kämpft, hat schon verloren".

Anhang 3
Fünf Tricks der Teppichhändler und einiger Politiker, sich um Verantwortung zu drücken.

Die Politiker können einem leid tun. Häufig werden sie für Probleme angegriffen, die sie nicht zu verantworten haben und die sie auch nicht ändern können. So kann man den Landespolitkern keine Vorwürfe machen, wenn die Ursachen der Probleme im Bundesrecht liegen. Ein Mitglied der Koalition kann man nicht für etwas verantwortlich machen, was der Koalitionspartner in den Koalitionsverhandlungen durchgesetzt hat.

Dennoch müssen wir Druck auf die Politik ausüben, endlich konkret zu agieren. Einige Politiker werden sich wehren. Wir müssen auf ihre Reaktion vorbereitet sein. In der Vergangenheit sind sie mit ihren Ausreden durchgekommen. Das wird bei unserer Kampagne nicht funktionieren.

Mein Vater war ein äußerst liebenswerter, gutherziger Mensch. Die meisten Politiker sind mit Sicherheit auch keine Unmenschen. Sie sind freundlich und nett und oft sehr sympathisch. Die meisten, die ich kennengelernt habe, wollen wirklich Dinge zum Besseren verändern.

Wir müssen jedoch den Tatsachen ins Auge sehen und emotionslos das Verhalten der Politiker analysieren. In meinen Jahren im Teppichbazar kamen erstaunliche Parallelen zum Vorschein.

1. Tatsachen leugnen oder manipulieren
Wenn mein Vater einen schiefen Teppich anbot und der Kunde sich beschwerte, war seine Antwort, dass der Teppich gar nicht schief ist, sondern der Blickwinkel nicht stimmt.

Die Antworten der Berliner Politiker auf Beschwerden, dass in öffentlichen Parks Drogen gehandelt werden, gehen in diese Richtung.

Ein Freund meines Vaters, Ali Saidi, hatte einen kleinen Teppichladen am Mundsburger Damm in Hamburg. Jedes Mal, wenn mein guter Freund Jens und ich ihn trafen, jammerte er, dass er den Abend davor große Summen im Casino verspielt hatte. Er erwähnte Summen von 100.000 bis 200.000 Mark. Er schwor nicht wie üblich auf den Koran, an den er nicht glaubte, sondern auf das Leben seiner Mutter. Jens und ich grübelten jahrelang, wie er denn mit einem kleinen Teppichladen so viel Geld verdienen konnte, um solche Summen zu verspielen.

Das Geheimnis lüftete sich, als er mich einmal in ein Casino mitnahm und mir 100 Mark schenkte, damit ich dort mein Glück versuchen könnte. Er spielte Roulette. Nun verliert man ja nicht in jeder Runde. Man gewinnt und verliert fast genauso häufig. Bei rot oder schwarz z. B. sind die Chancen nicht ganz 50/50, weil es die grüne Null gibt. Statistisch kommt auf 36 Runden einmal die Null und man verliert, wenn man auf rot oder schwarz gesetzt hat. Dieser kleine Unterschied der Wahrscheinlichkeit macht auf lange Sicht das Casino immer zum Gewinner. Ali Saidi merkte sich nur, wenn er verlor und ignorierte, wenn er gewann! So kamen die immensen Summen zusammen. Am Ende des Abends hatte er real 6.000 Mark verloren. Da ich Glücksspiele hasse, spielte ich nicht und kam mit einem Gewinn von 100 Mark heraus.

Wenn Berliner Politiker stolz die Zahl der gebauten Wohnungen erwähnen, lassen sie weg, dass ihre eigenen Ziele nicht erreicht wurden. Sie erwähnen nicht, wie viele Wohnungen davon Luxus-Wohnungen waren, die sich nur reiche Ausländer als Investment kaufen können, und sie verschweigen, dass tausende Wohnungen verhindert wurden, weil der Investor so hohe Auflagen bekam, dass er seine Pläne aufgab und auf dem

Grundstück ausschließlich gewerbliche Einheiten baute. Mehrere Fälle kann ich konkret benennen.

2. Vertrösten

Wenn ich als Schüler mehr Geld von meinem Vater haben wollte, sagte er nie Nein. Ja, klar, er werde das Geld morgen von der Bank abholen. Am nächsten Tag hatte er dann vergessen zur Bank zu gehen. Am dritten Tag hatte er Geld abgehoben, aber meine Mutter war schneller. Das ging so lange, bis ich die Schnauze voll hatte und lieber bei Tchibo einen Ferienjob annahm.

Die klassische Antwort der Politiker bei Forderungen: Wir haben das Problem erkannt, wir werden eine Arbeitsgruppe gründen und Lösungen finden. Eine Kette von Maßnahmen wird verbal angekündigt. Das Problem wird bald vorbei sein. Wenn man nach einer Weile nachhakt, heißt es: Wir haben schon viele Fortschritte gemacht und wir sind noch dran. Oder es heißt, wir werden die Gesetze nochmals verschärfen und dann klappt es wirklich. Das geht so lange, bis man dann keine Lust mehr hat und frustriert aufgibt.

3. Ablenken

Ich wollte eine Reise nach England unternehmen, angeblich um Englisch zu lernen, und bat meinen Vater um ein Flugticket. „Hast du denn deine Hausaufgaben gemacht?" Er wusste natürlich, dass ich in der Schule stockfaul war und fast nie meine Hausaufgaben machte. Ich fing an, mich zu verteidigen und schon waren wir bei einem ganz anderen Thema.

Diese Taktik kann man bei Politikern in Talkshows wunderbar beobachten. Der Moderator stellt eine Frage und der Politiker bittet darum, vorab noch zu einem anderen Thema etwas sagen zu dürfen oder sagt nur ganz kurz etwas und schwenkt dann um. Dieser Vortrag ist dann so lang, dass man die Frage des Moderators zum Schluss vergessen hat.

4. Die Schuld auf andere schieben

Nach meinem Studium half ich meinem Vater in seinem Großhandelsbetrieb im Hamburger Freihafen. Die Buchhaltung war drei Jahre nicht fertig gemacht worden. Das wäre heute nicht mehr möglich. Auf meine Beschwerde kam die Antwort, dass Frau Heinrich, seine Buchhalterin, sich weigerte, die Arbeit zu erledigen. Ich ging daraufhin zu Frau Heinrich und stellte fest, dass sie eine mehrseitige Liste mit Fragen hatte, die nur mein Vater beantworten konnte. Jedes Mal, wenn sie kam, um die Fragen zu klären, hatte er plötzlich wichtige Kundentermine und lief weg. Die Termine sahen dann so aus, dass er zu seinem Freund Ali Saidi fuhr und mit ihm Backgammon spielte.

Alle Parteien und deren Politiker sind nie selbst schuld. Schuld haben immer die anderen Parteien. Leider sind die Themen so komplex und verworren, dass es für uns normale Bürger nicht möglich ist zu prüfen, wer recht hat. Man kann auch nicht so einfach direkt zu den Politikern gehen und Fragen stellen. Selbst wenn, kämen nur Floskeln zurück.

5. Immer eine Antwort haben

Hier sind die Politiker meinem Vater einen Schritt voraus. Mein Vater gab Fehler ehrlich zu und entschuldigte sich sogar dafür. Für einen, der aus einer patriarchalischen Gesellschaft kam, war das bewundernswert.

Ich habe noch nie einen Politiker Fehler klipp und klar zugeben sehen oder gar eine Entschuldigung gehört. Es gibt auch kein Thema, bei dem Politiker sagen würden, dass sie hierüber keine Ahnung haben. Vielleicht schaue ich aber nicht genug fern.

Anhang 4

Westkreuz

Aus Westkreuz schlimm ...

wird Westkreuz schön ...

Das Westkreuz ist das Tor zu Berlin. Jahrzehntelang lag es brach und wird zum Parken von LKWs genutzt. Hier könnten über 1.000 bezahlbare Wohnungen und hunderte von Gewerbeeinheiten entstehen.

Anhang 5

Epilog

und Das Wunder von Friedenau

Sobald der Geist auf ein Ziel gerichtet ist,
kommt ihm vieles entgegen.   Goethe

Wie findet man einen Anfang, wenn einem erstmalig die Ehre ermöglicht wird, den Epilog eines Buches zu schreiben?

Mein Name ist Anita Tusch. Ich bin gebürtige Berlinerin und seit 2010 Herausgeberin eines eigenen Print- und Online-Magazins für den Süden Berlins. Meine Arbeit findet auf Berliner Straßen statt. Ich schreibe Geschichten von Unternehmern, Künstlern, Visionären oder Menschen wie Sie und ich.

Das Buch, das Sie gerade in der Hand halten, durfte ich vor Ihnen lesen. Nun habe ich mir hierzu ein paar Gedanken gemacht, die ich gern weitergeben möchte.

Im Jahre 2017 habe ich Hamid Djadda kennenlernen dürfen. Wie viele Berliner erfuhr auch ich durch die Medien, dass es tatsächlich jemanden geben soll, der sich eines längst vergessenen und doch sehr historischen Baudenkmals in Berlin annimmt. Hamid Djadda kaufte die AVUS-Tribüne.

Das war eine fette Schlagzeile wert. Doch der Grund des Erwerbs dieser Immobilie war es, der mich magisch anzog: Ein längst vergessenes historisches Denkmal sollte wieder zum Leben erweckt werden! Ich habe daraufhin Hamid Djadda einfach angeschrieben. Und, liebe Leser, Sie können mir glauben, das mache ich gar nicht gern. Doch meine Neugier, einem Menschen gegenüberzutreten, dem es in der Seele wehtut, beim Verrotten eines Denkmals, ja, gar eines Stückes aufregender, vergangener Berliner Geschichte zuschauen zu müssen, konnte ich nicht widerstehen.

Es war in meiner fast 10-jährigen Arbeit als Herausgeberin eine der unkompliziertesten Kontaktaufnahmen mit einem Unternehmer. Und ich kann Ihnen jetzt schon verraten, dass bereits während unseres ersten Interviews etwas Seltsames mit mir passierte.

Hamid Djadda erzählte mit eigenen Worten, wie es ihn in seiner Seele schmerzte, wenn er an der Avus-Tribüne vorbeifuhr. „Wir können dies nicht einfach so zulassen, das ist eine Schande für unsere Stadt", erzählte er mit fester Stimme. Es klang schon damals weniger wie eine Emotion, sondern mehr wie etwas Analytisches, gar Endgültiges. Etwas Anpackendes. Ich schämte mich insgeheim für uns alle, denn er sprach etwas aus, was wir längst vergessen hatten – anzupacken!

Im Nachhinein betrachtet war dies der Moment, an dem mit mir diese seltsame Sache passierte. Wie durch einen kräftigen Schlag auf den Hinterkopf wurde mir klar, dass die meisten von uns, mich eingeschlossen, in eine Art Dornröschenschlaf des ewigen Hinnehmens und Funktionieren-Müssens gefallen sind. Im letzten Jahr ließ Hamid Djadda das Dach der Avus-Tribüne erneuern, das schon einsturzgefährdet war. Die wohl größte Plane des Landes wurde errichtet. Sie verhüllte die marode AVUS-Tribüne und zeigte uns Berlinern und seinen Gästen, was hier einmal entstehen wird. Ein klares Statement, und ich glaube, für viele sprechen zu dürfen, dass bei jedem, der an der AVUS-Tribüne vorbeifuhr und der dieses Statement wahrnahm, doch eine Hoffnung aufkeimte. Sollte es wirklich so sein, dass die Tribüne nach 20 Jahren Stillstand wieder zum Leben erweckt würde?

Ja, es wird so sein. Doch darum geht es an dieser Stelle nicht. Im Laufe der letzten zwei Jahre gab es weitere Interviews mit Hamid Djadda, denn eine „Unternehmung" nach der anderen folgte. Während eines Interviews wurde mir schon die nächste Idee offeriert. Wie ein roter Faden zog sich der Satz „Ich möchte etwas zurückgeben" durch unsere Gespräche.

Von außen könnte man meinen, er wäre ruhe- oder gar rastlos. Doch das ist ganz und gar nicht der Fall. Es langweilt ihn schlicht und einfach, nur eine einzige Sache zu machen. Alle seine Projekte sind durchweg spannend und untypisch. Doch wie sagt man so schön: Nur wer Ungewöhnliches macht, kann Gewöhnliches erreichen. Und Sie können mir glauben: Die nächsten Ideen sind schon in der Schleife.

Jetzt seien wir doch einmal ehrlich: Dieser Mann, der von vielen aufgrund des Erwerbs der AVUS-Tribüne als „Der Reiche" bezeichnet wird – sicherlich auch dem geschuldet, dass sich die meisten seinen Namen nicht merken können –, könnte sich einfach eine Yacht kaufen oder eine teure Villa und sich seines Lebens ohne große Probleme erfreuen? Ja, er könnte.

Doch das würde ihn nicht erfüllen. Hamid Djadda ist anders. Er ist mit Leib und Seele Kaufmann. Sollte es wirklich Menschen geben, die Visionen haben und für etwas einstehen, was nicht mit hoher Rendite und Mehr-und-mehr-und-noch-viel-mehr-haben-Wollen zu tun hat?

Hamid Djadda ist ein Visionär, der uns mit jedem einzelnen Projekt aufweckt. Man könnte fast meinen, jedes Unternehmen von Hamid Djadda ist eine Aufforderung, gemeinsam ein Stück in Berlin zu bewegen.

Die OHDE Marzipanmanufaktur in Berlin-Neukölln ist solch ein Beispiel, und sie wurde nicht einfach nur gegründet, weil er Marzipan liebt. Er verzichtet bis heute auf sein Einkommen und gibt einen Teil der Erlöse in eine Stiftung, die er selbst gründete mit dem Ziel und der Aufgabe, die Bildung von Jugendlichen in Neukölln zu unterstützen.

Ist sein Credo, etwas zurückgeben zu wollen, vielleicht sogar die Installation eines wirtschaftlich-sozialen Perpetuum Mobiles?

Wir alle haben das Gefühl, dass sich die Probleme in der Gesellschaft häufen. Hamid Djadda hat mit diesem Buch offen dargelegt, was die Politik in den letzten Jahrzehnten nicht gelöst hat – wie er selbst schreibt, sicher nicht aus bösem Willen oder Faulheit.

Dennoch, in mir hat die eine oder andere Stelle im Buch echte Empörung ausgelöst. Was passiert hier eigentlich in unserer Stadt?

Und dann schafft Hamid Djadda es, uns Lösungen und Maßnahmen anzubieten, um bezahlbaren Wohnraum zu schaffen. Neben der Liebe, die er für die Stadt Berlin hegt, schenkt er uns etwas, das weitaus stärker als Liebe ist. Und das ist – Hoffnung!

Die Probleme häufen sich und die Schere zwischen Arm und Reich wird zunehmend größer. Bei allen Problemen, den Missständen, dem Negativdenken, aber vor allem bei all den Ängsten, die viele Menschen haben, sollten wir jedoch nicht vergessen, dass wir in einem freien und schönen Land leben. Wir haben die Macht, Dinge in die Hand zu nehmen und zu ändern. Dieses Buch ist nicht ein Appell an alle Unternehmer, ihre Möglichkeiten und Positionen zu nutzen – nein, es ist ein Appell an alle Bürger unserer Stadt, eine längst überfällige zivilisierte Revolution in Gang zu setzen.

Dieses Buch und seine Zeilen zeigen auf, dass es Zeit für einen Umbruch ist. Verändern wir unser Denken, wird sich auch unser Handeln ändern!

In unserer Gesellschaft häufen sich die Probleme, da viele seit Jahrzehnten nicht angepackt worden sind. „Das wird auch immer so bleiben" – erzählte mir Hamid Djadda in einem langen Gespräch –, „wenn wir nicht alle anfangen, mitzuhelfen oder anderes zu tun".

In der Psychologie nennte man dies, „den Kreis durchbrechen". Machen wir es einfach anders und nicht wie bisher. Lassen Sie uns gemeinsam den Kreis durchbrechen.

Ein sehr schönes Beispiel ist die Geschichte des Glasermeisters, die Hamid Djadda Ihnen im Kapitel 16 „Der Weg zum Paradies – Gemeinnützigkeit" erzählte. Ich möchte Sie auf einen Perspektivwechsel mitnehmen und besuchte kurz vor Veröffentlichung dieses Buches die Glaserei.
Ich nenne diese Geschichte: Das Wunder von Friedenau

Im Kapitel 16 hat Hamid Djadda deutlich gemacht, dass es wenig Sinn macht, Politikern hinterherzulaufen oder gar um Lösungen anzubetteln. Im Zuge seines Weges, den Berliner Immobilienmarkt besser zu verstehen, sich schlau zu machen und mit Menschen zu sprechen, fand er eine Kernlösung: private, gemeinnützige Stiftungen.

Das Besondere an der Schaffung bezahlbaren Wohnraums durch gemeinnützige Stiftungen ist, dass keine Gesetze geändert werden müssen. Den Rest seiner Vision konnten Sie ja erlesen.

Wie ich erfuhr, ist durch die Kündigung, die der Glasermeister in Friedenau erhielt, vor Ort ein mittelschweres Chaos entstanden. Das ganze Familienleben änderte sich. Angst und Sorge machten sich breit. Jeder von uns kann sich sicherlich vorstellen, dass man mit knapp 80 Jahren kaum noch die Kraft hat, eine neue Werkstatt aufzubauen. Doch Hans-Jürgen Arnsmann und seine Frau sind positiv an die Situation herangegangen, denn eines war ihnen klar: Sie hatten keine Chance, dem entgegenzutreten. Nach anfänglicher Hoffnung kam recht schnell die bittere Erkenntnis, dass in der Nähe keine bezahlbaren Ladenflächen zu finden sind.

Schlaflose Nächte folgten. Was ist, wenn bis zum Kündigungstermin keine Alternative gefunden wird? Doch viel schlimmer, erzählte mir Hans-Jürgen Arnsmann, war es, dass jemand anderes über das Ende seiner Arbeit entschied. Er wollte als Selbstständiger selbst entscheiden, wann Schluss ist. Das war ihm jetzt genommen.

Doch irgendwann musste die Familie und somit auch Glasermeister Arnsmann den Tatsachen ins Auge sehen. Ein beherzter Journalist schrieb im Mai über seine Geschichte. Es passierte nicht viel, gestand er mir, außer, dass er mehr Arbeit und Umsatz hatte. Eine echte Lösung war nicht greifbar. Die Verzweiflung wurde größer. Es fiel ihm auf, dass seine Frau mit der Zeit immer ruhiger wurde, und er machte sich Sorgen. Dennoch half sie tatkräftig mit, für ihn einen neuen Laden zu finden.

Weihnachten nahte. Sie beschlossen, alles, was möglich war, zu verkaufen, und baten den Makler um Aufschub. Der Journalist rief wieder an und hakte nach. An dieser Stelle ist dem beherzten Journalisten zu danken, der wiederholt – ohne Wissen der Familie Arnsmann – im November 2018 einen weiteren Artikel veröffentlichte.

Und manches Mal, liebe Leser, bestimmt einfach der richtige Zeitpunkt über das Schicksal eines anderen Menschen. Im Mai 2018, als der erste Bericht veröffentlicht wurde, fing Hamid Djadda erst an, sich mit dem Berliner Wohnungsmarkt und den daraus resultierenden Problemen intensiv zu beschäftigen. Im November, als der beherzte Journalist den zweiten Artikel ohne Wissen der Familie einstellte, war das Büro Djadda so sensibilisiert auf diese Ungerechtigkeiten und zufällig auf genau diesen Artikel aufmerksam geworden.

Sabrina, eine Mitarbeiterin aus dem Büro Djadda erzählte, dass er einfach nur sagte: „Das kann man doch nicht machen. Lass uns Kontakt aufnehmen, vielleicht können wir helfen."

Ein Anruf erreichte Herrn Arnsmann. Doch Herr Arnsmann gab zu, dass er sich schlicht und einfach veräppelt fühlte. „Die Dame am Telefon erzählte mir, dass sie mir vielleicht helfen könne und einen Besichtigungstermin für mein Geschäft vereinbaren möchte. So einen Quatsch glaubte ich nicht. Wer und warum sollte so etwas tun?"

Er ignorierte dieses Gespräch und kümmerte sich um den Verkauf seiner Güter. Durch die Mithilfe vieler Bürger in Friedenau wurden kurz vor Weihnachten etliche Bilderrahmen verkauft. Und dann gab es diesen Tag, an dem der ihm bekannte Makler und ein Interessent sich die Räumlichkeiten ansahen. Herr Arnsmann sah an diesem Tag Hamid Djadda zum ersten Mal. Die Situation fand der Glasermeister eigenartig und er war eher zurückhaltend.

Einige Zeit später sah er Herrn Djadda ein weiteres Mal, nur kurz. Herr Arnsmann erzählte mir ganz leise, dass er diesen einen Satz, den Hamid Djadda an diesem Tag fallen ließ, nie vergessen werde: „Sie können bleiben, und zwar unter den bisherigen Bedingungen."

Herr Arnsmann war überglücklich und konnte dieses Glück kaum fassen. Darüber hinaus vergaß er ganz zu fragen, wer dieser Mann eigentlich sei. Das Gefühl, bleiben zu dürfen übermannte ihn. Das war alles, was er wollte!

Ist es nicht das, was wir alle wollen: dableiben zu dürfen, wo wir uns wohlfühlen? Was Hamid Djadda nicht weiß, ist, was er innerhalb dieser Familie bewirkt hat. Hans-Jürgen Arnsmann gestand mir, dass er seither ein anderer Mensch sei. Und dies, weil er einem Menschen begegnete, der „einfach machte", ohne etwas zu erwarten. Für ihn ist diese Geschichte so etwas wie ein Wunder.

Das Schönste an diesem Projekt ist, es hat nichts gekostet, außer einige Gespräche zu führen und analytisch an die Situation heranzugehen, wie Sie detaillierter dem entsprechenden Kapitel entnehmen konnten. Und ich möchte als Fazit noch etwas hinzufügen:

Wir können uns über diese Ungerechtigkeiten unentwegt aufregen oder wie Hamid Djadda analytisch und mit konkreten Maßnahmen an die Probleme unserer Stadt herangehen. Da die Glaserei über eine Stiftung finanziert wurde, wird dieses Ladengeschäft auch über den Betrieb von Herrn Arnsmann hinaus eine günstige Miete garantieren können. Das bedeutet, wenn Herr Arnsmann beschließt, in Rente zu gehen, wird einem neuen innovativen Projekt ermöglicht werden können, einen Raum mit bezahlbarer Miete zu beziehen.

Wenn wir das Wunder von Ber … ähm, ich meine, Friedenau als Metapher nehmen und die Freude dieser Familie und vielen Friedenauern, die mitgebangt haben, nutzen, einen Freudentaumel auszulösen, was würde denn passieren, wenn wir alle ein wenig mehr analytisch und nachhaltig denken würden?

Noch eines möchte ich Ihnen vor Augen halten. Das Vorbild Hamid Djaddas ist der amerikanischer Großinvestor Waren Buffet, ein Unternehmer und Mäzen, der 85 Prozent seines Vermögens nach und nach an fünf Stiftungen verschenkte. Zudem schloss er sich gemeinsam mit Bill Gates einer Kampagne an, in der amerikanische Superreiche Geld an wohltätige Zwecke spenden. Die Kampagne heißt „The Given People" (Das Versprechen, etwas herzugeben).

Doch wir müssen gar nicht so weit schauen, denn auch in Deutschland gibt es großartige Vorbilder.

Eine der nachhaltigsten Sozialprojekte unseres Landes, und gar auf der ganzen Welt einmalig, befindet sich in Deutschland, und zwar in Augsburg: die Sozialsiedlung des Jakob Fugger. Fugger war zwischen 1495 und 1525 ein bedeutender Kaufherr und Bankier Europas und entstammte einer Handelsfamilie. Berühmt wurde er durch die offiziell im Jahre 1521 gegründete Fuggerei. Bis heute ist sie die älteste erhaltene Sozialsiedlung der Welt. Diese Reihenhaussiedlung besteht aus 62 Häusern und 142 Wohnungen. Sie bietet bedürftigen Augsburger Bürgern Unterkunft, wenn sie unverschuldet in Not geraten sind. Auch 500 Jahre später hält man sich an den ursprünglichen Stiftungszweck. Sie werden es vielleicht nicht glauben, doch noch heute können Menschen mit geringem Einkommen für 88 Cent Jahreskaltmiete und drei tägliche Gebete in der Fuggerei wohnen.

Erkennen Sie den Wert einer Stiftung?

Diese auf der Welt einmalige Sozialsiedlung in Augsburg könnte uns als schönes Beispiel dienen, dass die Umsetzung von ernsthaft nachhaltigen und gemeinwohlorientierten Konzepten nicht nur unseren Kindern dient, sondern auch den Kindern unserer Kinder und vielen weiteren Generationen. Das Konzept Stiftung steht für etwas sehr Beständiges, das wir unserer Stadt geben könnten und dass uns nachhaltig für viele Generationen sorgen lässt.

Diesen, ich gestehe, viel zu langen Epilog möchte ich an dieser Stelle mit dem zu Anfang gesetztem Zitat von Goethe beenden. Denken Sie daran, sobald der Geist auf ein Ziel gerichtet ist, kommt Ihnen vieles entgegen.

Ich möchte Sie hiermit anregen, auch im Namen von Hamid Djadda, sich mit Visionären an einen Tisch zu setzen, sich auf positive und machbare Lösungen und Maßnahmen zu fokussieren. Ich möchte diejenigen anregen, etwas zurückzugeben, denen es möglich ist zu geben, und ich möchte uns alle anregen, mitzuhelfen, ein schönes Stück Berliner Geschichte zu schreiben.

Sie bestimmen den richtigen Zeitpunkt.

Wenn Sie noch nicht so weit sind, dann verfolgen Sie einfach die Arbeit vieler Visionäre vom Erste Sahne e.V.

Es grüßt Sie herzlich

Anita Tusch,
eine Visionärin

Anhang 6
Literaturhinweise

Matthew Desmond: *Zwangsgeräumt. Armut und Profit in der Stadt*, Berlin 2018

Michael Voigtländer: *Luxusgut Wohnen: Warum unsere Städte immer teurer werden und was jetzt zu tun ist*, Wiesbaden 2017

Thomas Piketty: *Inequality & Capitalism in the Long-Run* (http://www.yjs.fi/wp-content/uploads/2013/12/Thomas-Piketty-pres..pdf). This lecture is based upon *Capital in the 21st century*, Harvard Univ. Press 2014

Dirk Müller: *Cashkurs. So machen Sie das Beste aus Ihrem Geld: Aktien, Versicherungen, Immobilien*, München 2011

Hans Rosling mit O. Rosling, A. Rosling Rönnlund: *Factfulness – wie wir lernen, die Welt so zu sehen, wie sie wirklich ist*, Berlin 2018

Yuval Noah Harari: *Eine kurze Geschichte der Menschheit*, München 2013

Nassim Nicholas Taleb: *Der Schwarze Schwan: Die Macht höchst unwahrscheinlicher Ereignisse*, München 2015

Mo Gawdat: *Die Formel für Glück – und wie Sie diese nutzen*, München 2017

Hans-Christian Andersen: *Des Kaisers neue Kleider*

* * *

Mein Wort des Jahres

Paradieskreis